Economía

PARA PRINCIPIANTES

Alejandro Garvie • Sanyú

ERA NACIENTE
Documentales Ilustrados

Economía para Principiantes®

Alejandro Garvie - Sanyú
Primera edición - Cuarta reimpresión

© de los textos: Alejandro Garvie
© de los ilustradores: Héctor Sanguiliano (Sanyú)
© Era Naciente SRL

Para Principiantes®
Es una colección de libros de
Era Naciente S.R.L.
San Juan 775, 2º piso
(C1147AAF) Buenos Aires, Argentina
www.paraprincipiantes.com

Primera edición - Sexta reimpresión

Garvie, Alejandro
  Economía para principiantes / Alejandro Garvie. - 1a ed. 6a reimp. - Ciudad Autónoma de Buenos Aires : Era Naciente, 2018.
  208 p. ; 20 x 14 cm.7-6

  1. Economía. I. Título.
  CDD 330

Queda hecho el depósito que preve la Ley 11.723

Ninguna parte de este libro puede ser reproducida,
almacenada o transmitida de manera alguna
por ningún medio, ya sea electrónico, químico
o de fotocopia, sin permiso previo escrito del editor.

Esta edición se terminó de imprimir en
Virá, servicios gráficos en Buenos Aires,
República Argentina, en agosto de 2018.

Etimológicamente, la palabra **economía** proviene del griego *oikonomía* (*oikos*: casa; *nomos*: norma, ley, administración) y significa "dirección o administración de una casa". Esto nos da una idea del lugar secundario que ocupaba la economía en la Antigua Grecia: el hogar, el ámbito privado.

Popularmente los vocablos "economizar" y "económico" son sinónimos de "ahorro", siendo el ahorro una previsión en caso de una escasez futura. Sin embargo, la economía es algo más complejo que eso…

> En su tratado *Oikonomikos*, Jenofonte (445-355 a. C.) da recomendaciones para la economía de la *polis* griega.

En busca de definiciones

La economía es una ciencia que busca explicar y prever el conjunto de actividades que relacionan la producción, la distribución y el consumo de bienes y servicios.

Producción es el proceso por el cual el hombre genera riqueza en forma de bienes y servicios.

Distribución es la forma en que esos bienes y servicios son repartidos entre los actores económicos. En el ámbito privado, el mercado asigna esos recursos. En el público, el Estado debe distribuir mediante el sistema impositivo los costos y beneficios para ejercer la autoridad en forma legítima.

Consumo es la capacidad que tienen los agentes económicos de satisfacer sus necesidades.

El carácter de **ciencia** está determinado porque existe una sistematización del conocimiento que busca formalizar en modelos econométricos, utilizando la matemática como lenguaje.

Las expectativas económicas

La economía es también un horizonte de expectativas para diferentes personas. Sus deseos y esfuerzos modifican los resultados o las consecuencias finales de los hechos económicos.

La escena de la izquierda muestra dificultades para acceder a un conocimiento complejo que se ha especializado. La de la derecha, cómo todos estamos sujetos a otro tipo de avatares que nos hacen olvidar la primera dificultad.

La ciencia y la realidad

La relación entre la **economía como ciencia** y la **economía real** siempre ha sido conflictiva. En cierto modo se plantean problemas similares a los de la medicina. Un médico propone un tratamiento que es distinto al de otro. Ante un problema económico también existen diferentes diagnósticos y alternativas.

En economía cabe el refrán popular aplicado a los médicos que reza: "Cada maestrito con su librito". Y al igual que ellos, los economistas "recetan", a partir de un diagnóstico, según sus conocimientos y según los intereses en juego.

La ciencia de la escasez

Así se considera vulgarmente a la economía. Pero el término "escasez" no significa siempre "pobreza". Puede faltar el pan, pero también puede haber escasez de violinistas.

El pan y la música son **necesidades**. El pan es una necesidad primaria y la música una necesidad accesoria, lo que no quita que una comunidad la considere necesaria para su felicidad.
Una definición engloba los dos aspectos de la economía:

Los lenguajes de la economía

La economía como ciencia adopta el lenguaje matemático para formular sus teorías y principios. Pero, para la aplicación de las políticas económicas en los sistemas democráticos, el lenguaje de lo económico debe allanarse de manera que todos los ciudadanos puedan entender y defender sus intereses.

Si el economista quiere comunicar sus ideas al ciudadano, deja de lado el discurso matemático y habla en lenguaje común.

De la economía política a la política económica

La **política económica** expresada en lenguaje llano y aplicada por un gobierno define los incentivos para la producción, la distribución de la riqueza y, por lo tanto, las posibilidades de consumo de la población.

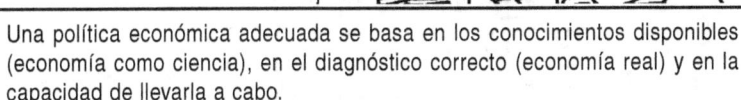

Una política económica adecuada se basa en los conocimientos disponibles (economía como ciencia), en el diagnóstico correcto (economía real) y en la capacidad de llevarla a cabo.

La evolución de la ciencia económica y la pugna de los intereses en juego hacen que el rumbo de la política económica dependa de la cohesión social, del consenso acerca de qué sociedad se está buscando, de la cultura, de la calidad política y de la madurez de la dirigencia de un país.

Esta primera aproximación a la definición de economía y algunos conceptos resultan familiares. Sin embargo, las preocupaciones de hoy no fueron siempre las mismas.

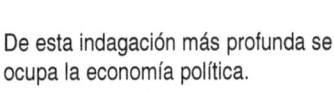

De esta indagación más profunda se ocupa la economía política.

Los comienzos
En el mundo griego

En el período aristocrático de Atenas, el pensamiento de Platón (427-347 a. C.) expresa el desprecio por los trabajos manuales (industria) y la preferencia por la realización del hombre en la esfera pública (estadista, guerrero, polemista).

En la Antigua Grecia el fin de la economía era el de cubrir las necesidades de la sociedad. Por ese motivo, la zona rural concentraba la mayoría de la población; y el comercio de cereales, aceite y vino, por el *mare nostrum*, impulsó la expansión. La economía no era, como lo es hoy, el dominio de la naturaleza en pos del crecimiento constante de la producción.

De Platón a Aristóteles

Aristóteles (384-322 a. C.), discípulo, continuador y crítico del pensamiento de Platón, ahondó en las cuestiones atinentes al intercambio.

Para Aristóteles, el intercambio justo es aquel que se hace teniendo en cuenta el trabajo que cuesta producir un bien determinado, medido en dinero.

La esclavitud y la economía

Platón y Aristóteles consideraron la esclavitud como algo "natural". Sin embargo, el último reconocía que había casos especiales en los que se esclavizaba "injustamente".

Muchas cuestiones económicas fueron definidas por Aristóteles y aún mantienen vigencia. Caracterizó el monopolio (mercado dominado por haber un solo vendedor) y lo condenó por ser injusto.
Analizó al **dinero** como una creación de hombre y señaló sus funciones de **medida de valor**, **medio de cambio** y **conservador de valor**.

Aristóteles estudió la actividad económica de los particulares, bajo lo que se denomina **crematística**.

Roma

A diferencia de los griegos, los romanos estaban más abocados a la práctica que a la teoría. Sus aportes a la economía fueron escasos y muestran el interés exclusivo de los patricios por la milicia, la política y la historia.

A medida que las sociedades se hacían más complejas, aumentaba la dificultad para alcanzar la armonía. El comercio se multiplicaba con las necesidades de los habitantes y con la diversidad creciente. La búsqueda de un nuevo orden se logró con un sistema político más flexible y eficiente que la monarquía: la república. Ésta, a su vez, se asentó sobre el Derecho Romano, base del imperio.

Con este *instrumentum vocalis* nos desentendemos del trabajo agrícola y podemos ocuparnos de la conquista.

El cobro de impuestos y las gabelas permitía la existencia de un poder central que organizaba la sociedad. Las nuevas regulaciones, junto con las guerras de saqueo, el comercio marítimo y la eficiencia política y administrativa, permitieron la acumulación de poder y riquezas. Éstas se atomizaron definitivamente con la caída de Constantinopla en 1473.

El censo

En el Imperio Romano existía un magistrado denominado "censor". Su tarea era la de registrar los bienes de los ciudadanos cada cinco años, es decir, realizar un **censo**. Además, velaba por las costumbres morales del pueblo y estaba facultado para sancionar, retirando la ciudadanía (nota de censura), eliminarlo de la tribu, etc.

El censor tenía muchas facultades administrativas que lo colocaban en el centro de la actividad económica que dependía de la voluntad política de la comunidad.

> Los censores llevaban la cuenta de la cantidad de habitantes y sus bienes sobre los cuales el Estado cobraba la contribución que se llamaba "censo".

Roma y el Derecho

Sin duda el aporte crucial de los romanos para la propia posibilidad del desarrollo posterior del capitalismo es el Derecho. El emperador bizantino Justiniano I el Grande (483-562) mandó compilar las leyes romanas en el *Corpus Juris Civilis*, conocido como el Código de Justiniano.

El Derecho Romano, entre otras cosas, consagra el derecho a la propiedad y garantiza la libertad de contratación.

La Edad Media

Las necesidades económicas y de seguridad llevaron a que, luego del intento reunificador de Carlomagno, se crearan los feudos, territorios manejados a voluntad por el señor feudal.

El feudalismo

En la economía feudal, a partir del siglo VIII cada territorio producía sus alimentos y el intercambio era escaso, sobre todo en regiones que no tenían salida cercana al mar. Cada feudo era una unidad económica autosuficiente. En medio de la desintegración, la Iglesia Católica se erigió en aglutinadora espiritual e impuso su cosmovisión.

En tiempos de Santo Tomás se hicieron avances en la agricultura, lo que permitió mitigar las hambrunas y las enfermedades, comunes hasta ese momento.

Hacia el fin de la economía escolástica

Antes de que el descubrimiento (y saqueo) de América posibilitara el nacimiento del capitalismo se produjo una serie de movimientos que modificaron el panorama económico de Europa.

Para mantener sus cortes, financiar campañas militares y organizar así el germen del Estado moderno, los reyes y grandes señores feudales pedían préstamos a los comerciantes que, de esa manera, formaron los primeros bancos privados de la economía.

En las cortes de los nobles se sumaron consejeros y ministros, quienes, desde el punto de vista económico, aconsejaban a su señor que acumulara metales preciosos. Esta corriente recibe el nombre de **metalista**.

La influencia de la conquista

La conquista de América inundó Europa de metales preciosos, lo que permitió una gran circulación de la moneda. Además, la invención de la imprenta, el uso de la pólvora para la guerra, el astrolabio, la brújula, otros avances tecnológicos y el cisma de la Iglesia Católica abrieron nuevas perspectivas para pensar el mundo y la relación de Dios con el hombre y del hombre con la naturaleza.

JUAN CALVINO: Todos tenemos una *misión* que cumplir en este mundo. Encontrarla, a través del trabajo duro, asegurará la salvación del alma. Pero la vida del buen cristiano deberá ser frugal y austera. Dios ha puesto su creación a nuestro servicio.

Nuestra misión, tal vez, incluya ganar mucho dinero. No quedará más remedio que acumular riquezas y esforzarse mucho.

Hacia mediados de 1500, el protestantismo alimentó el individualismo y el afán de lucro, característica moral central del capitalismo. Junto con esta evolución aparecieron los mercantilistas, la corriente de pensamiento económico propia de la naciente burguesía.

MAX WEBER: Del estudio comparado con otras formas de desarrollo económico en el mundo, la ética protestante es central para entender el surgimiento del capitalismo.

Los mercantilistas

El nuevo orden económico mundial naciente contaba con una organización política moderna del Estado-nación, gobernada por nobles, y una economía pujante llevada a cabo por los burgueses que, impulsados por las crecientes posibilidades de comerciar, producían nuevas mercancías e innovaciones tecnológicas.

Los mercantilistas dedujeron que si la nación era el ámbito de la generación y acumulación de riquezas, el Estado debía dirigir el proceso económico fomentando las exportaciones y prohibiendo las importaciones. De este modo, el oro se quedaba en casa.

Esta actitud asumida por la mayoría de los países de Europa sentó las condiciones para la creación de la **industria nacional**, bajo el paraguas del proteccionismo mercantilista.

La globalización, en marcha

Históricamente, a fines de la Baja Edad Media, se produjo un aumento de la productividad, es decir, que la cantidad de bienes y servicios que se producían en el ámbito nacional aumentaba progresivamente. Con el tiempo, el poderío de los industriales y mercaderes fue desviando el interés puramente mercantil hacia la producción industrial e inventos y aplicaciones que mejoraran los métodos de producción. Ésta es considerada la primera ola de la globalización.

Los comerciantes, banqueros, industriales, militares y aventureros formaron una suerte de sociedad agresiva con una nobleza que acrecentaba su honor a costa de las acciones de los primeros. Tarde o temprano la burguesía reclamaría los derechos políticos que sólo tenían los nobles. Tal era la agresividad de esta sociedad naciente, que en Europa, durante el siglo XVII, sólo hubo cuatro años de paz.

El mercantilismo

El mercantilismo surge como el primer intento de someter la economía a los dictados de la política. El propio término **economía política** fue acuñado por Antoine de Montchrestien (1575-1621) dramaturgo y economista francés.

Otro economista, el inglés *Sir* William Petty (1623-1687), en su *Ensayo sobre aritmética política*, acentuaba el rol del Estado en la economía.

La agricultura fue despreciada por los mercantilistas, puesto que ocupaba este último lugar como fuente de riqueza. La producción era más para consumo que para la exportación.

Con referencia a los impuestos, los mercantilistas consideraban que la industria y el comercio eran susceptibles de ser gravados más y mejor que la agricultura, debido a que en las ciudades se concentraban las dos primeras actividades.

El mercantilismo francés

En Francia, el ministro Colbert hacía progresos y llevaba a Francia al rango de potencia dominante, a la vez que complacía al rey, mantenía el Estado y lograba la autosuficiencia económica (autarquía), todo esto bajo el influjo de sus ideas mercantilistas, basadas en que "la riqueza" no eran los metales y el dinero, sino los productos transables.

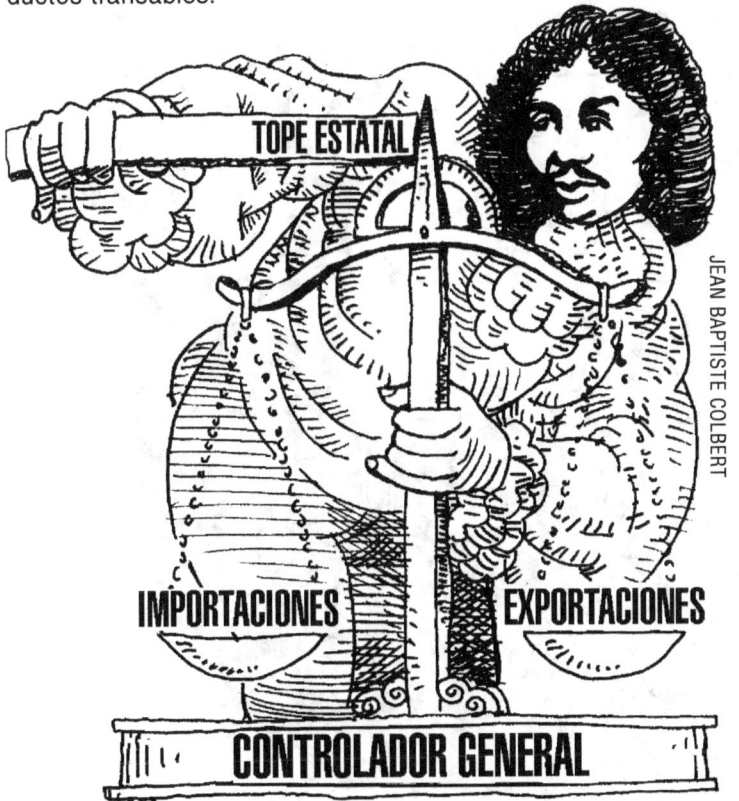

JEAN BAPTISTE COLBERT

El gran problema de Colbert fue el de haber reformado el sistema impositivo francés (el 80% de la población francesa era rural) para balancear las cuentas públicas.

En la lucha comercial contra su rival, Holanda, Colbert incrementó el comercio exterior francés, impuso las empresas estatales de manufacturas, gravó las importaciones y creó la flota mercante.

Los fisiócratas

El Estado de Luis XIV y Luis XV se tornó corrupto debido a la cantidad inmensa de regulaciones impuestas a la economía. Lo que en principio favoreció a la burguesía, ahora la ahogaba. También en Francia surgió, entonces, una nueva manera de pensar la economía.

Un físico de Luis XV, François Quesnay (1694-1774), aplicó el principio de la circulación sanguínea para ejemplificar la circulación de bienes en la economía.

CADA ÓRGANO EXTRAE DE LA SANGRE PARTE DE SU RIQUEZA. DEL MISMO MODO, TODAS LAS CLASES SOCIALES SE ALIMENTAN DE LA RIQUEZA QUE PRODUCEN LOS AGRICULTORES.

FRANÇOIS QUESNAY — TABLA ECONÓMICA

La naturaleza, del griego *fisio*, regía los destinos de la economía. Los productos industriales no eran más que la elaboración de esas materias primas; por lo tanto, la intervención estatal para protegerlos era inútil y el comercio accesorio: la única ley de la economía era la "Ley Natural". Nacían los **fisiócratas**, quienes fueron los primeros en considerarse economistas.

Laissez faire-laissez passer

Anne Robert Jacques Turgot (1727-1781), ministro de Marina de Luis XVI, aplicó los principios fisiocráticos de no intervención estatal y liberalización de la industria, aboliendo las corporaciones de artesanos, organización tradicional de la mano de obra no rural durante la Edad Media.

Luego de la primera acumulación (metalista) y de la conformación de un protocapitalismo económico mundial (mercantilista), la complejidad creciente de las sociedades europeas y la potente influencia de las burguesías nacionales en ascenso buscaban solidificar un nuevo orden interno (fisiocrático) ligado a la autarquía y a la "armonía" de las leyes naturales con las leyes humanas.

> Los fisiócratas diferenciaron en la sociedad una "clase productiva" (agricultores) de una "clase estéril" (terratenientes, industriales y comerciantes). De este modo, liberaban a los "estériles" de pagar impuestos y los cargaban sobre los "productivos". Indirectamente, esto favoreció, nuevamente, la industria nacional.

La renta nacional

Los fisiócratas, con sus análisis del flujo de la riqueza, establecieron el antecedente de lo que en economía se denomina "**renta nacional**".

La renta nacional es la remuneración total de los factores de producción de propiedad de los residentes de un país.

> La economía comenzó a establecer ciertas categorías teóricas, en el marco del Estado-nación. En este sentido, los límites geopolíticos son indispensables para el comercio y el desarrollo del capitalismo.

La Gran Transformación

La desarticulación de los gremios de artesanos, combinada con la expansión comercial de ultramar, propició que la voluntad burguesa removiera los valores sociales. La **Revolución Industrial** y la **división del trabajo**, junto con la creación paulatina de los mercados de capital, mercancías, tierras y trabajo, consolidarían el capitalismo, al que Karl Polanyi llamó "La Gran Transformación".

Los señores feudales soltaron la mano de los siervos y campesinos de sus tierras, obligándolos a hacer algo que no conocían: ir a vender su trabajo por un **salario**. De modo que las relaciones que antes los unían se transformaban en **relaciones de mercado**.

El capitalismo y la economía clásica

El **mercado de capitales** (Londres era el centro financiero) creado con la acumulación de riquezas, principalmente extraídas de América, se puso al servicio de la expansión económica.

El **mercado de tierras** se generó a partir de que éstas se revalorizaron (muchos campesinos fueron expropiados) gracias a su explotación en función del comercio mundial (lanas, carbón, granos, hierro).

El **mercado de productos** creció en magnitud y destinos posibles.

El **mercado de trabajo** creó un sistema que separaba al capitalista del obrero (antes el señor tenía obligaciones para con él), generando una diferencia irreconciliable y en una asimetría que marcaría una de las contradicciones que el capitalismo aún pospone, sin resolver.

La tradicional distribución demográfica de la Edad Media fue cambiando radicalmente. El campo se despobló y las ciudades (burgos) se atiborraron de gente.

En tan compleja situación nació el intento de dar explicación, de buscar un orden, a través de modelos teóricos y del análisis de cada elemento y de su interacción. La economía clásica, influida por los modelos de desarrollo de la física, la matemática y la química, busca por primera vez su sitial "científico".

Adam Smith

Análisis implica, epistemológicamente hablando, el estudio de cada cosa por separado, para luego integrarlo en la síntesis. Esta estructura de pensamiento de los clásicos, de los que Adam Smith (1723-1790) es su máximo exponente, operó sobre el concepto de la división del trabajo. Cada paso en la elaboración de un producto se asignó a un operario (antes todo el proceso lo hacía el artesano) simplificando la labor y aumentando la productividad a niveles nunca alcanzados.

Adam Smith (1723-1790), influido por François Quesnay y David Hume, llegó a la economía luego de estudiar ciencias morales y políticas. Esto le dio a sus análisis económicos un sesgo filosófico en donde el individualismo, la razón y el orden natural fueron preponderantes. La **Ilustración**, la cosmovisión imperante en esa época, dictaba las nuevas reglas de un mundo cambiante.

El influjo de la Ilustración

Para explicar su mundo, el hombre comenzó a desplazar la teología con la ciencia. El mundo dado y estático se transformó en un universo dinámico del que sólo cabría encontrar sus leyes. *Sir* Isaac Newton (1642-1728) en su *Philosophiae naturalis principia mathematica* (1687) describió al universo como una máquina sublime dominada por fuerzas sencillas. Otros intentaron buscar esas leyes para el cuerpo humano y para el cuerpo social.

Para que este orden natural (mano invisible en la economía) pudiera realizarse, los individuos necesitaban un ambiente de libertad, en donde el gobierno de la sociedad fuera mínimo.

En el ámbito político, el contractualismo de Thomas Hobbes (1588-1679), John Locke (1632-1704) y Jean J. Rousseau (1712-1778) dio legitimidad al mundo burgués y fue el punto de partida para el surgimiento de los Estados-nación.

El liberalismo económico

En un mundo con esta dinámica, en donde el bien común era difícil de establecer, Smith sostuvo que cada individuo puesto a perseguir su beneficio personal (la máxima ganancia en su actividad) estaría tendiendo (sin proponérselo) al bien de la sociedad.

> En su *Investigación sobre la naturaleza y causas de la riqueza de las naciones* (1776), Adam Smith sistematizó su pensamiento en lo que sería la piedra angular del **liberalismo económico**.

PARA QUE TODOS PUEDAN PERSEGUIR SU PROPIO INTERÉS, LA *LIBRE COMPETENCIA* ES EL ÁMBITO IDEAL.

LA DIVISIÓN DEL TRABAJO ASEGURA EL CRECIMIENTO ECONÓMICO Y LA MÁXIMA PRODUCTIVIDAD. Y ES LA CAUSA DE UNA DIVISIÓN SOCIAL ENTRE EL OBRERO Y EL CAPITALISTA, SIGNADA POR LA DESIGUALDAD.

LOS *SALARIOS* SON LA PAGA DEL OBRERO, EL *BENEFICIO* ES LA GANANCIA DEL CAPITALISTA (PATRÓN) Y LA *RENTA* ES LA QUE OBTIENEN LOS DUEÑOS DE LA TIERRA DADA EN EXPLOTACIÓN.

LA CANTIDAD DE TRABAJO NECESARIA PARA PRODUCIR UNA MERCADERÍA DETERMINA EL *VALOR* DE LA MISMA. ¡COMO EN EL CASO DE LOS ALFILERES!

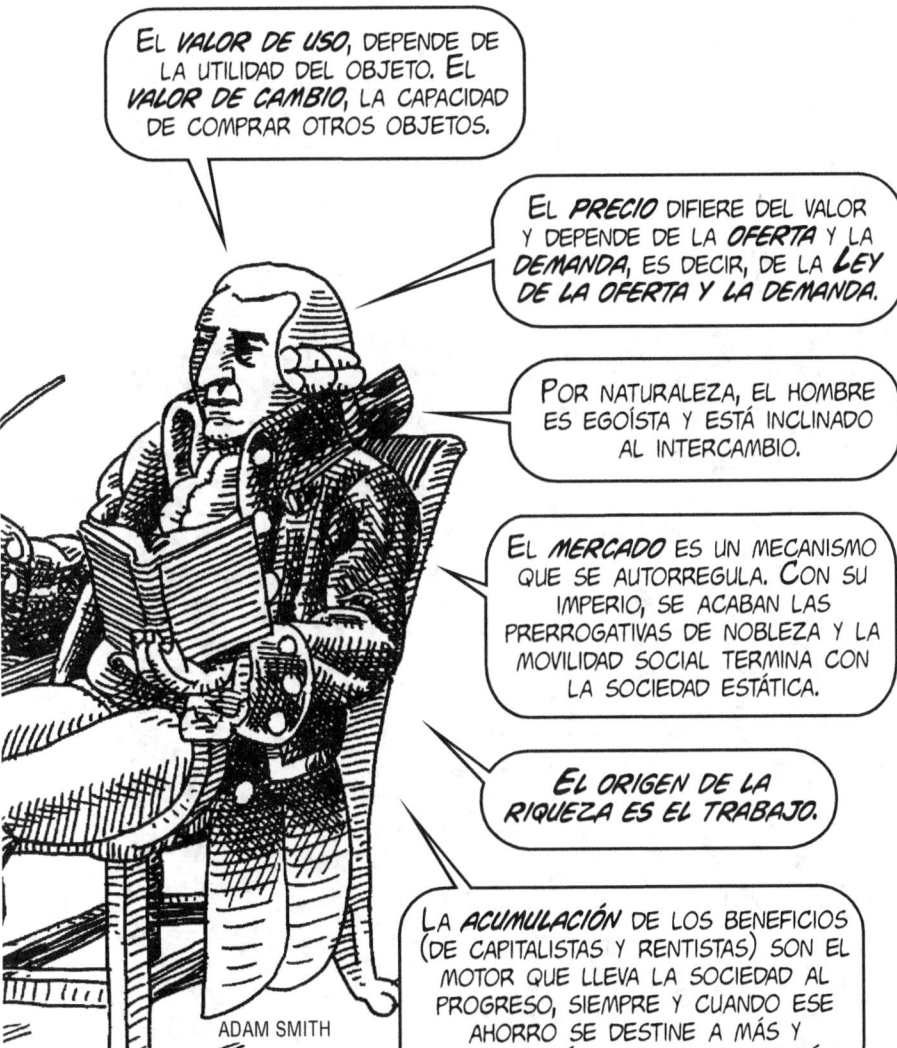

Al igual que los fisiócratas, Adam Smith estableció que el trabajo y el ahorro son la base de la riqueza. Su sistematización fue difundida y ampliada por David Ricardo (1772-1823), quien demostró que la economía tiene un método abstracto.

Inglaterra, a todo vapor

De las ideas de Smith, quedaba claro que la productividad aumenta cuanto más rápido se produce. Además, cuanto menos salario se pagara, más capital puede acumularse (beneficios + rentas) para avanzar hacia el crecimiento económico. En el caso de la productividad, las máquinas comenzaron a ser las que establecían el ritmo de trabajo. Al reducir el salario, el conflicto social fue en aumento, pese a que en la teoría, cuanto más riqueza se genere, más puestos y mejores salarios (por la ley de oferta y demanda) deben producirse.

La Revolución Francesa (1789) encarnó el triunfo de la burguesía sobre el orden monárquico. Los nuevos poderosos de la sociedad moderna fueron por sus derechos políticos. A su lado, campesinos empobrecidos y obreros hambrientos pronto se dieron cuenta de que detrás de las proclamadas igualdad, libertad y fraternidad, las desigualdades inherentes a la división del trabajo eran más fuertes que la retórica.

Hacia 1810, Inglaterra era una potencia industrial. Empleaba a miles de obreros y abastecía de todo tipo de artículos al mundo. La tecnología, la convicción (moral, política y económica) de la burguesía, y un Estado protector de los intereses nacionales hacían de este país el líder del capitalismo.

Consecuencias económicas de la Revolución Francesa

La austeridad y la ferocidad con las que actuaron los revolucionarios en Francia llevó a que el oro y los negocios se ahuyentaran del país.

Los *assignats* (nombre de esa moneda que estuvo vigente de 1789 a 1796) comenzaron a circular y cumplieron su misión hasta que la emisión de ese papel se salió de control, generando **inflación**.

Los *assignats*, luego de cumplir con su cometido reactivante provocaron que los burgueses que tradicionalmente invertían en bonos del Estado quedaran arruinados, en tanto que una nueva capa de burgueses especuladores fue en meteórico ascenso.

David Ricardo

David Ricardo, agente de bolsa londinense y por lo tanto conocedor de un mundo poco accesible para muchos burgueses de la época, planteó en su obra más importante, *Principios de Economía política y de Tributación* (1817) la **teoría del intercambio internacional**, basada en las **ventajas comparativas**, y la teoría de la **renta diferencial**.

Recién comienza a pagarse renta cuando los recursos de menor calidad elevan el precio del bien que se produce con él. De este modo, por los mejores recursos puede pagarse renta. La renta diferencial es la diferencia entre el producto obtenido por iguales cantidades de capital y trabajo.

Como se puede ver, la economía comienza a hacerse compleja. Tanto que, Ricardo, a diferencia de Smith, reconoció que la acumulación y la renta conducen, inexorablemente, a la conflictividad social.

Rentistas versus Industriales

Si para que haya renta –y lo hay, debido a que las tierras cultivables se expanden para alimentar a una población creciente–, los precios del producto se elevan (trigo), existe un problema con los industriales. ¿Por qué? Dado que los salarios de los obreros están determinados por la posibilidad de poder alimentarse, su paga debe subir cuando el precio de los alimentos sube. El resultado es que los terratenientes son los únicos que se benefician del aumento del precio, mientras que los obreros e industriales lo sufren.

Las ventajas comparativas

El establecimiento teórico de la renta diferencial era aplicable a la economía nacional y sólo podía variarse su resultado adquiriendo alimentos en el extranjero o aumentando la tecnificación del campo. En cuanto al comercio internacional, Ricardo estableció que la libre circulación de mercaderías favorecería a todos los países, debido a que cada cual produciría mejor y más barato aquello para lo cual estaba mejor dotado.

Las **ventajas comparativas** de las naciones, según Ricardo, están dadas por la facilidad que una nación tiene para producir tal o cual producto. Era muy costoso para un país, que no fuera Inglaterra, armarse de una industria textil, del mismo modo que era costoso para los líderes del capitalismo producir granos o vinos que podían importar de Francia o de las colonias.

> Bajo estas premisas surgía una teoría del comercio internacional que confiaba su suerte al equilibrio y la autorregulación de los mercados.

Malthus, o el terror al futuro

Otro inglés dijo que, según sus cálculos, si la población seguía creciendo al ritmo en que lo hacía, en breve lapso se acabarían las fuentes de alimentos disponibles, salvo que la peste o las guerras pusieran fin al crecimiento demográfico. El capitalismo estaba creando su propia destrucción. Thomas R. Malthus (1776-1834) dio su nombre a esta ley que lo llevó a proponer el fin de la beneficencia y otras atrocidades.

THOMAS R. MALTHUS

Malthus consideraba que la "clase improductiva" (abogados, funcionarios, terratenientes, etc.) era altamente necesaria para mantener el equilibrio entre oferta y demanda, puesto que gastaban sus dineros en elementos suntuarios. Sólo se ocupaban de consumir y de dar trabajo a los que producían bienes y servicios.

THOMAS R. MALTHUS

En el mismo sentido, Malthus elaboró la **"Ley de hierro de los salarios"**, según la cual, para mantener el control de la natalidad, los salarios jamás se colocarían por sobre el nivel de subsistencia.

Ante las predicciones de Malthus, el ensayista e historiador británico Thomas Carlyle (1795-1881) bautizó a la economía como "ciencia deprimente".

Jean Baptiste Say

El hecho de que los mercados estuvieran autorregulados fue un aporte teórico crucial desarrollado por el francés Jean Baptiste Say (1767-1832), que la propia historia se encargaría de refutar.

La **Ley de los mercados** relega el dinero a una mera función de medio. Lo que los individuos quieren son los bienes y servicios que el dinero compra.

Según estas premisas, Say argumentaba que **la oferta crea su propia demanda**, considerando a la economía en su conjunto. Así, una crisis por sobreproducción puede ser un problema de un industrial en particular, pero no un problema de la economía general.

John Stuart Mill

Como corolario de la economía clásica, John Stuart Mill (1806-1873) definió que en la ciencia económica existían **leyes de la producción** y **leyes de la distribución**.

Las preocupaciones de Mill y de los clásicos en general estaban puestas en los límites del crecimiento: el estancamiento económico era la resultante necesaria del modelo económico liberal.

Los socialistas utópicos

En medio de las convulsiones sociales que la irrupción del capitalismo causaba en la sociedad industrial, los pregoneros de la libertad (de industria, de contratación y de comercio) se enfrentaron con los de la igualdad (de oportunidades y de acceso a la renta social). En la práctica, la fuerza que generaba la riqueza (los obreros) recibía sólo lo necesario para sobrevivir, y tal esfuerzo se hacía en condiciones deplorables.

El trabajo de los niños de entre 7 y 13 años era común en todas las actividades industriales de la época. Ellos cobraban menos que los adultos. Además, las fábricas trabajaban en turnos rotativos de ocho horas, produciendo incansablemente.

Quienes comenzaron a impugnar el orden capitalista fueron los **socialistas utópicos**. Pensadores franceses como Claude Henri, conde de Saint-Simon (1760-1825) y François Marie Charles Fourier (1772-1837) abogaron por una sociedad ajustada a la naturaleza y libre de los artificios de la "civilización". En alguna medida añoraban la paz bucólica subvertida por la ciudad industrial.

En Inglaterra, Robert Owen (1771-1858), que pasó de obrero a propietario de una fábrica textil, estableció un modelo comunitario, "humanizando" las relaciones laborales. Aunque no tuvo éxito en sus propuestas y emprendimientos, su filosofía materialista expuesta en el *Libro de un nuevo mundo moral* (1834) influyó en Karl Marx. A la inquietud de Owen se deben la lucha por la organización de sindicatos y el nacimiento del cooperativismo.

> Los socialistas utópicos no querían revolucionar la sociedad industrial, sino cambiar mediante la acción responsable de las clases acomodadas la injusticia distributiva. Oponían una ética solidaria a la ética egoísta imperante.

De los socialistas a Marx

Los **socialistas**, como Sismonde de Sismondi (1773-1842), comenzaron a criticar a los economistas clásicos. Los socialistas ingleses afirmaban que la causa de la miseria de los obreros era que los capitalistas pagaban por su trabajo menos de lo que ese trabajo producía. Esto, junto con el cuestionamiento de que la desigualdad partía de la inequitativa distribución de la propiedad, llevaban a la **explotación**.

KARL MARX (1818-1883)

CON ESTOS TRES TOMOS VOY A EXPONER MI INVESTIGACIÓN SOBRE EL CAPITALISMO Y LAS RELACIONES DE PRODUCCIÓN Y CIRCULACIÓN DE LA RIQUEZA.

BASTA DE PENSAR LA SOCIEDAD COMO UN IDEAL. LAS CONDICIONES MATERIALES DETERMINAN LA VIDA SOCIAL, ESPIRITUAL Y POLÍTICA.

DAS KAPITAL

Para Marx, el motor de la historia es la lucha de clases, en el marco de la **estructura** económica de la sociedad. A partir de la estructura material se asienta la **superestructura** de ideas y culturas que dominan una época. Marx acusaba al liberalismo de pregonar una libertad (formal) que no es tal, puesto que la única posibilidad que tiene el obrero es la de vender su fuerza de trabajo al precio que el mercado (patrón) estipula.

Las ideas sociológicas de Marx afirman la existencia de dos clases sociales antagónicas: los **propietarios** y los **proletarios**. La historia de la humanidad es la historia de la **lucha de clases** y el capitalismo no escapa a esta verdad histórica; más aún, tiene la virtud de disfrazar este antagonismo, en un orden político, legal y valorativo.

Los sufrimientos del cambio

El proceso de consolidación del capitalismo generó grandes dislocaciones sociales, como la transformación inglesa del campo a la ciudad. Nadie mejor que Charles Dickens (John Huffam 1812-1870) ha retratado en su país los padecimientos humanos. A comienzos del siglo XVIII el 70% de la población vivía en el campo. Hacia 1850 sólo el 25% quedaba en la campiña inglesa.

La cuasi-biografía de Dickens en su *David Copperfield* (1850) y su desempeño como reportero de varios periódicos londinenses le dieron la oportunidad de ver la era victoriana desde varios ángulos y siempre con angustia.

La plusvalía

En su estudio económico Marx establece la **Teoría del valor y de la plusvalía** como elementos centrales para entender la inequidad del capitalismo.

KARL MARX

FREDERICH ENGELS (1820-1895)

> Coincido con Smith en que el trabajo es el único productor de riqueza. También coincido en que existe un valor de uso y otro de cambio de las mercancías. Pero de otro modo.

> El *VALOR* (valor de cambio) de una mercancía se mide según la cantidad de *TRABAJO HUMANO ABSTRACTO* necesario para producirla.

> Fui gran amigo y financista de *KARL*, junto con quien fundamos el *SOCIALISMO CIENTÍFICO* y el *MATERIALISMO HISTÓRICO*. Además me dediqué a explicar su obra compleja. Como ahora.

> El *TRABAJO HUMANO ABSTRACTO* es el gasto de energías que los individuos emplean en cualquier trabajo útil que produce mercancías.

Esa "cosa" común que tienen todas las mercancías (producto del trabajo abstracto) es el valor. Por este motivo, lo que "vale" una mercancía (una camisa) se mide en comparación con otra mercancía (una caja de clavos) y el dinero representa esas equivalencias.

Más plusvalía

El dinero pone un velo, un uniforme a los distintos valores de las mercancías, que siguen valiendo por el trabajo que se utiliza para producirlas.

Un capitalista contrata a los obreros que producen los alfileres del ejemplo de Adam Smith. Cada obrero produce aproximadamente 4.800 piezas por día. Supongamos que con 4.000, el capitalista paga el salario y los demás costos de producción. Las 800 agujas que sobran son plusvalor. Es un producto por cuya elaboración no se ha pagado un centavo. Ésta es la base de la **explotación** capitalista.

El obrero recibe un salario por determinadas horas de trabajo (14 ó 15 horas en la época de Marx), en las que produce mercancías cuyo valor de cambio está dado por el **valor de la mercancía** (el trabajo socialmente necesario para producirla) y por la realización de ese **valor en el mercado**.

Todo es mercancía

Una característica del capitalismo es la de transformar casi todo en mercancía. Una obra de arte, más allá del trabajo socialmente necesario para elaborarla, tiene un valor de cambio que está dada por su valuación en el mercado y tiene relación con su escasez (hay limitadas esculturas de **Rodin**, óleos de **Miguel Ángel**, etc.). Lo mismo ocurre con los metales preciosos. En su rareza está el valor que los ha convertido en mercancía-dinero.

EL RASGO DISTINTIVO DEL CAPITALISMO ES QUE EL DERECHO (AFIRMADO EN LA PROPIEDAD PRIVADA) CONSAGRA LA POSIBILIDAD DE QUE EL CAPITALISTA SE APROPIE DEL EXCEDENTE.

El **plusvalor** es lo que permite que se lleve a cabo la acumulación de capital de otro modo se mantendría constante. De modo que la explotación debe verificarse a lo largo de toda la dinámica de un proceso que está signado por la competencia entre capitalistas. Esa competencia impulsa los salarios al alza, según la ley de la oferta y la demanda.

La crisis de acumulación

El salario está sujeto (mientras haya competencia) a la ley de la oferta y la demanda.

Como resultado, al poco tiempo, esta competencia empuja todos los salarios hacia arriba.

Como el precio de venta se mantiene, para poder competir, a la larga, el excedente se reduce y el negocio de las alfileres empieza a decaer por falta de plusvalor.

EL *MONOPOLIO* ES UNA DE LAS FORMAS IDEALES DEL CAPITALISMO. EN ÉL LOS CAPITALISTAS ESTÁN EN CONDICIONES DE FIJAR EL PRECIO DEBIDO A LA AUSENCIA DE COMPETENCIA, CON LO QUE UN ALZA DE LOS SALARIOS SE TRASLADA AL PRECIO FINAL.

La **competencia**, a la larga, lleva a la crisis de acumulación del capitalismo.

El hambre disciplina

Una de las maneras de asegurar que los salarios se mantengan deprimidos es que la tecnificación de la producción produzca expulsión de la mano de obra (desocupados), lo que Marx llamó **ejército industrial de reserva**.

EDIFICIO Y VERSIÓN DE "MANIFESTACIÓN" DE ANTONIO BERNI

Los desocupados muestran que el capitalismo tiene al hambre como disciplinador. En esto coincidían tanto los clásicos como Marx. Los primeros lo tomaban como algo dado, mientras Marx lo condenaba y lo tomaba como algo producido por el hombre.

> Toda la reacción de socialistas y la monumental obra de **Marx** tienen puntos económicamente discutibles. Lo que no puede soslayarse es el sentido reparador que sus ideas tenían para con una época signada por la miseria material de millones y la miseria moral de unos miles.

Los límites del crecimiento y la crisis

Smith, Malthus, Marx y Ricardo tenían una visión pesimista del crecimiento de la economía capitalista. Los cuatro coincidían en que el estancamiento era inevitable.

La población aumenta junto con la producción.

Se extiende la demanda de tierra fértil.

Disminuye la productividad de la tierra.

Los salarios se reducen al mínimo de subsistencia.

Aumenta la renta de los terratenientes y disminuye la población.

La economía se estanca.

Tanto Malthus como Smith elaboraron razonamientos similares en momentos en que la industrialización no era tan fuerte.

En un ambiente altamente industrializado, en donde la acumulación de capital es central al crecimiento, Ricardo y Marx consideraron el punto de estancamiento económico en el trabajo como factor limitante.

En este estadio del capitalismo, la tierra ha dejado de ser un factor limitante. Veamos cómo lo es el trabajo:

MARX Y RICARDO

Se produce la acumulación de capital.

CAPITAL
PRODUCTO

Aumenta la relación entre el capital y el producto.

Disminuye el margen de plusvalía.

Suben los salarios.

Caen los beneficios globales.

Se estanca la economía.

En ambos casos de estancamiento, es el propio crecimiento el que produce su crisis. Pese a tan sombríos vaticinios, el capitalismo ha venido esquivando su "crisis terminal". Desenlace que Marx veía resuelto con el triunfo político de los oprimidos en un mundo justo gobernado por el **comunismo**.

Riqueza, pese a todo

Durante la segunda mitad del siglo XIX el capitalismo, a caballo de la industrialización, mostró un vigor y una capacidad para crear riqueza sin precedentes.

Los trabajadores, luego de algunas luchas, lograron sindicalizarse y hasta conformar partidos que representaran sus intereses en un mundo en que las democracias formales eran tan escasas como los diamantes.

> Las luchas de los obreros se intensificaron en una ola revolucionaria que recorrió toda Europa durante 1848, tiempo en que se creó la Primera Internacional Socialista que nucleaba a proletarios de todos los países de la región. Nuevas oleadas se sucedieron en las décadas de 1880 y 1890, momento en que se formaron los partidos socialistas y los sindicatos.

> Europa y los Estados Unidos encabezaban el capitalismo dinámico. Los países europeos encontraron en la dominación colonial una fuente de materias primas y mano de obra con las que alimentar la caldera capitalista cuando ésta amenazaba con flaquear.

Las colonias

Es común pensar que el capitalismo "eliminó" la esclavitud por razones morales y económicas. Esto es parcialmente cierto, puesto que en las colonias el sistema esclavista duró hasta casi fines del siglo XIX. La plantación típica del Caribe y del sur de los EE.UU., las minas de Sudamérica y otras explotaciones (el guano del Perú), mantuvieron activos los mercados de negros de África.

SE NOS HA IDO LA MANO CON LA CONQUISTA; HEMOS DESPOBLADO ESTAS ISLAS; PARA HACER RENDIR ESTAS TIERRAS TENDREMOS QUE TRAER ESCLAVOS DE ÁFRICA.

El capitalismo mantuvo la esclavitud en sus colonias hasta que la trata de esclavos se volvió antieconómica y hasta que el propio sistema esclavista fue combatido porque era una competencia "desleal" en algunos rubros. La guerra civil entre el norte y el sur de los EE.UU. puede considerarse como la lucha entre la sociedad industrial capitalista (norte) y la sociedad capitalista de plantación (sur).

LA ESCLAVITUD SE VOLVIÓ ANTIECONÓMICA PORQUE NOSOTROS NOS LEVANTAMOS UNA Y MIL VECES DE NUEVA YORK HASTA SAN SALVADOR DE BAHÍA, HASTA CONVERTIRNOS EN UN PROBLEMA.

El capitalismo consolidado

Pese a las dificultades, hacia fines del siglo XIX el capitalismo mostraba un vigor arrollador. Jamás la humanidad había generado tanta riqueza en tan poco tiempo. La propia capacidad transformadora del hombre dejaba de lado trastornos sociales, culturales y psicológicos que se irían acumulando.

En medio del apogeo del liberalismo económico, nuevas mentes pensaron la economía desde un ángulo más especializado. Las matemáticas, que servían para calcular la construcción del ferrocarril y otros prodigios del progreso, se aplicaron a los procesos económicos. El prestigio de la ingeniería se mudó a la economía.

> En un mundo individualista y liberal el interés se centró en el comportamiento racional de los individuos. Así, Emile Durkheim (1858-1917) fundó la **sociología moderna**, y la filosofía utilitarista de Jeremy Bentham (1784-1832) contribuyó al surgimiento de la **escuela neoclásica** o **marginalista**.

La escuela neoclásica

Los neoclásicos dejaron las preocupaciones que afligieron a los clásicos, es decir la macroeconomía (la producción, el intercambio y la circulación de la riqueza) para dedicarse a la microeconomía (cómo actúan los individuos y las empresas). En ese campo sostenían que podía calcularse matemáticamente cualquier actividad económica para lograr la maximización de los beneficios. Además, rechazaban cualquier interpretación historicista de la economía.

Última hora de trabajo

Primer hora extra

Un individuo fabrica alfileres. En su última hora de labor produce 1.000 alfileres.

En la primer hora extra produce 900. Cada hora de más agregada a su jornada laboral, la producción decrece en cantidad. Si bien la productividad general aumenta, la eficiencia disminuye.

HERMANN H. GOSSEN (1810-1858)

ÉSTA ES UNA DE LAS LEYES DE ESTE SERVIDOR CON LA QUE DEFINO LA *PRODUCTIVIDAD MARGINAL DECRECIENTE.*

La productividad marginal (cálculo indispensable para el mejor rendimiento de una actividad) da el nombre de "marginalista" a esta escuela.

La utilidad marginal

Lo que ocurre para la producción vale para el consumo. Si nos satisface comer pan, más nos satisface comer mucho pan. Pero llega un punto en que la **utilidad** disminuye. ¡Estamos hartos de comer pan! Entonces optamos por comprar galletitas, las cuales ofrecen mayor satisfacción.

La **utilidad total** aumenta, porque las necesidades alimenticias se cubren ampliamente. Pero la **utilidad marginal** (placer que produce comer pan) disminuye a medida que se sigue consumiendo el mismo producto.

> El consumidor debe gastar su ingreso de modo racional en una variedad de bienes y servicios que cubran sus necesidades, de manera que la utilidad marginal de todos se mantenga en equilibrio.

William Stanley Jevons

En su *Teoría de la Economía Política* (1871), Jevons estableció la Teoría marginal del valor. Nacido en Inglaterra, vivió muchos años en Australia, donde se interesó por la economía política.

La escuela marginal se nutrió de los aportes de diferentes economistas que elaboraron análisis semejantes, en distintos países de Europa.

La Teoría subjetiva del valor

La utilidad de un bien o servicio es muy subjetiva, por lo tanto tiene un importante componente psicológico. Sobre este "descubrimiento" de los neoclásicos se montaron las primeras técnicas de comercialización y publicidad modernas.

Tanto Gossen como el francés Jules Dupuit (1804-1866) fueron precursores de los neoclásicos quienes se diferenciaron de los clásicos por otra razón: la **Teoría subjetiva del valor**.

KARL MENGER (1840-1921)

Para los clásicos el precio estaba determinado por el costo de producción (Teoría objetiva del valor). En cambio, los neoclásicos no distinguen entre precio y valor. El precio surge de la interacción subjetiva entre individuos y depende de la utilidad que represente para el comprador.

La escuela de Cambridge
La demanda

Alfred Marshall (1842-1914), el neoclásico más conspicuo, aplicó la matemática como metodología para la economía e introdujo la variable "tiempo" en los estudios económicos. Su filosofía rechazaba la idea extendida de tomar al hombre moderno como un *homo economicus*. Creía que otras facetas y motivaciones no económicas impulsaban a los hombres.

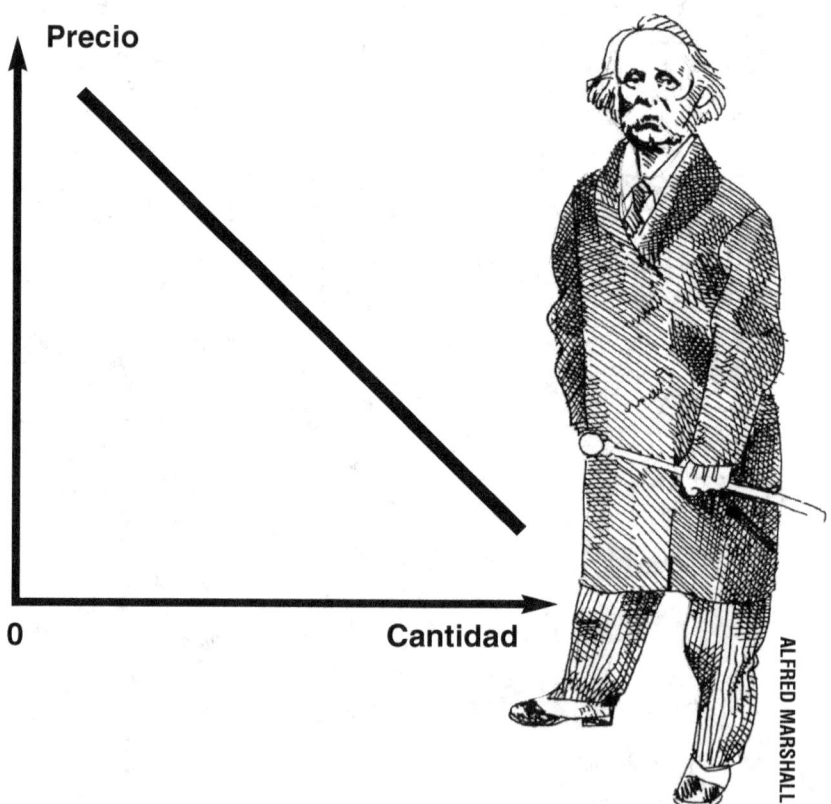

ALFRED MARSHALL

La **curva de demanda** muestra cómo se relacionan el precio con la cantidad de producto a lo largo de un tiempo determinado, suponiendo que el dinero en manos de los consumidores, sus gustos y los precios relativos de los demás bienes que necesitan esos consumidores se mantenga constante.

La microeconomía

En la microeconomía desarrollada por los neoclásicos, las cuestiones centrales son tanto la demanda como la oferta y el mercado en donde esa relación se lleva a cabo.

El grado de sensibilidad de la demanda de un bien (por ejemplo, el petróleo) ante los cambios en su precio se llama **elasticidad-precio de la demanda**.

El grado de sensibilidad de la demanda de un bien según el ingreso de los consumidores se denomina **elasticidad-ingreso de la demanda**.

La oferta

La oferta de un bien (alfiler) dependerá de los costos de producirlos y el precio de los competidores en el mercado (determinado, a su vez, por el deseo de los consumidores de comprar ese bien).

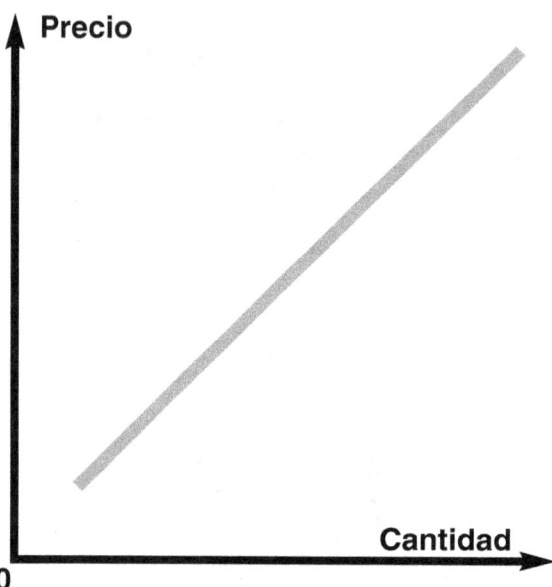

Al igual que la curva de demanda, la **curva de oferta** muestra la relación entre las cantidades de un bien que se ofrecerán a la venta durante un tiempo determinado, a distintos precios de mercado. Pero, considerando constantes el precio de otros bienes, el de los costos de producción y el estado de la tecnología.

Las curvas de oferta y de demanda pueden unificarse para determinar (en la teoría) el **equilibrio del mercado**. Esto es el punto en que la cantidad demandada es igual a la ofrecida, estableciéndose un **precio de equilibrio** y una **cantidad de equilibrio**.

El equilibrio

El equilibrio es una necesidad imperiosa del sistema económico capitalista. Cuando se alcanza, significa que los actores de la economía tienen un horizonte de previsibilidad, por lo tanto, no necesitan modificar sus decisiones.

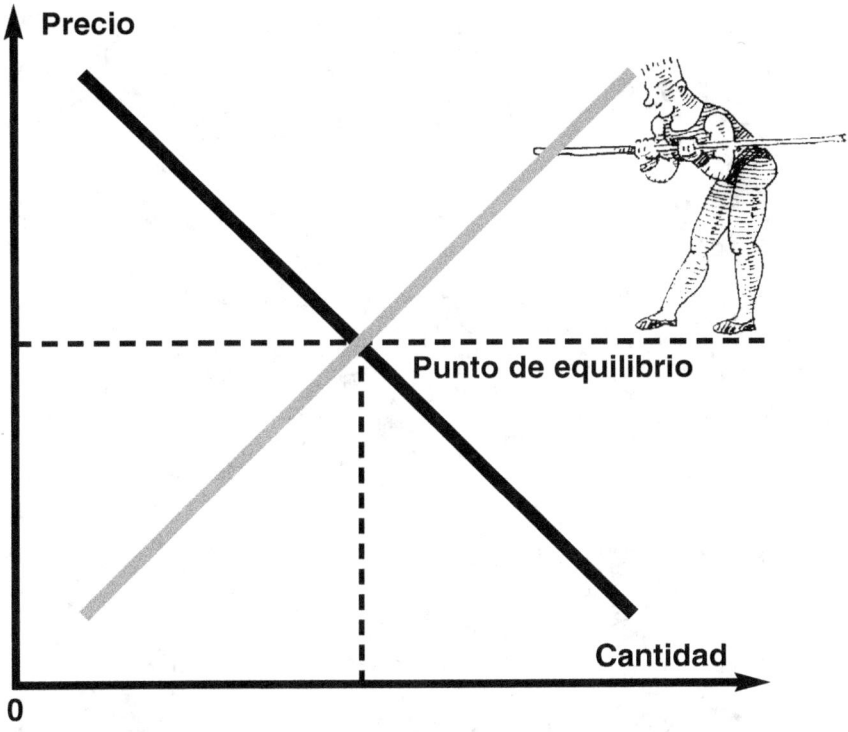

Dado el precio de equilibrio, por debajo de éste se verifica un exceso de demanda (escasez), lo que tiende a elevarlo.
Si el precio es mayor hay un exceso de oferta (excedente), lo que tiende a bajarlo.

Los neoclásicos suponen que en condiciones de mercado libre, los precios tienden a moverse hacia el punto de equilibrio.

Para Marshall, las fuerzas que subyacen a la oferta y a la demanda determinan el valor. Además, en su análisis introdujo conceptos como **elasticidad de la demanda** y **principio de sustitución**.

La escuela de Lausanne

El francés León Walras (1834-1910) estableció, en el período de auge del capitalismo, la **Teoría general del equilibrio**. Walras diseñó ecuaciones matemáticas para determinar el nivel óptimo de asignación de recursos del mercado.

La idea central de **Walras** era que en un libre mercado en donde la información fuera perfecta, el ajuste de los precios sería automático y las diferencias entre macro y microeconomía carecerían de sentido.

El óptimo de Pareto

El ingeniero italiano **Vilfredo Pareto** (1848-1923) compartía las ideas de Walras e imaginaba que en el futuro la sociedad funcionaría "automáticamente" al ritmo de la economía de mercado. La economía política debía prescindir de toda valoración moral.

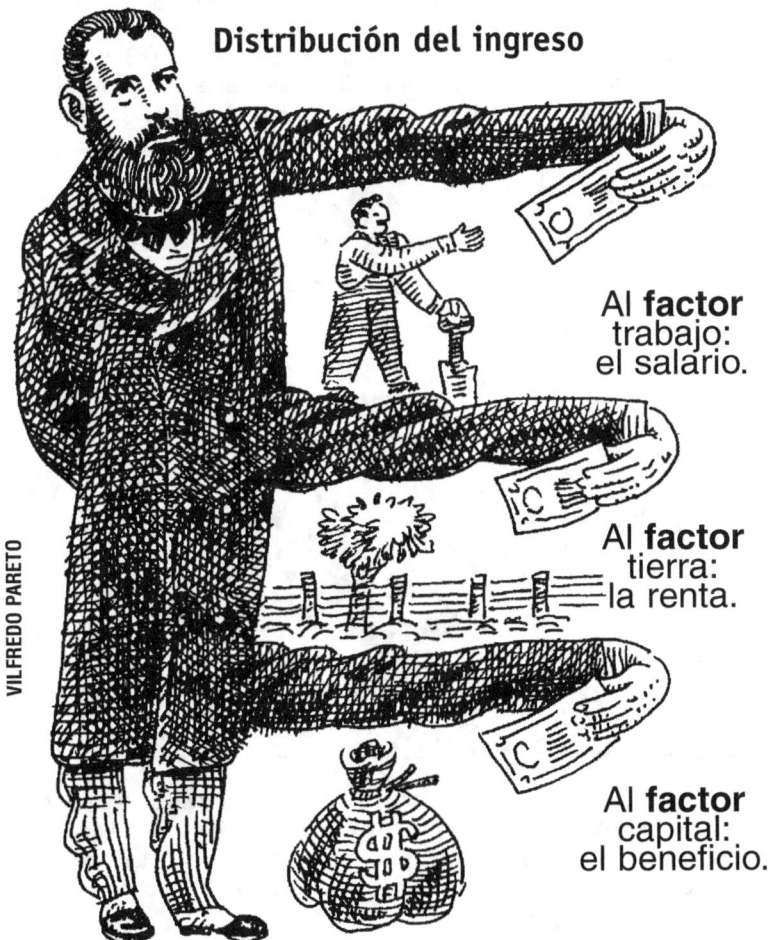

Distribución del ingreso

Al **factor** trabajo: el salario.

Al **factor** tierra: la renta.

Al **factor** capital: el beneficio.

VILFREDO PARETO

Según los neoclásicos, la remuneración de los **factores de la producción** es equivalente a lo que aportan al proceso productivo, y el mercado se encarga de mantener el equilibrio, siempre y cuando no existan **fallas**.

Las fallas del mercado
El monopolio

La competencia entre las empresas tiende a la supervivencia de las más aptas. A su vez, las empresas que pierden son absorbidas por las más fuertes. A fines del siglo XIX la creación de monopolios, como el proceso "natural" del capitalismo, ponía en riesgo todo el sistema económico de los países industriales. Francis Y. Edgeworth (1845-1926), quien fuera el primer economista en aplicar la estadística a esta ciencia, contribuyó a esta cuestióncon su **Teoría del monopolio**.

El monopolio perfecto es difícil de hallar. Pero, un grupo de grandes empresas que se dedican a lo mismo y dominan el mercado forman un **oligopolio de oferta**. Si se ponen de acuerdo acerca de un precio por debajo del que nadie ofrece su producto, en forma explícita, estamos en presencia de un **cartel** o **colusión explícita**.

> Otra cara del oligopolio es el **monopsonio**, que es la capacidad que tiene una empresa (o grupo de empresas) concentrada de fijarles el precio a sus proveedores de insumos y demás. El monopsonio se llama también **oligopolio de demanda**.

El desempleo

Para los marginalistas, el desempleo tendería a desaparecer, siempre y cuando no se pusieran trabas al normal funcionamiento del mercado. Bajo esas condiciones, la baja del salario hacía más atractivo para los empresarios tomar mano de obra. En ese sentido, los sindicatos eran un elemento altamente disruptivo.

En cada sociedad industrial de fines del siglo XIX el manejo de los salarios fue diferente, la conflictividad variaba según la combatividad de los sindicatos y la prosperidad de las economías nacionales.

> El economista también le había explicado que la **utilidad marginal del trabajo** disminuye a medida que debe aumentar la contratación de obreros, de modo que la única manera de aumentar la producción (sin adelantos técnicos) es reducir los salarios.

Tipos de desempleo

Tanto para los clásicos, como para los marginalistas, el desempleo es de dos tipos: **voluntario** y **friccional**.

Desocupación voluntaria

Desocupación friccional

La economía clásica establece que el volumen de empleo de la economía está dado cuando la oferta iguala a la demanda de trabajo.

> El **pleno empleo** es una preocupación ausente en los clásicos; sólo la conflictividad de las primeras décadas del siglo XX iluminaría esta cuestión.

Las primeras crisis del capitalismo

El desarrollo de los monopolios en los EE.UU., que se establecieron al término de la Guerra de Secesión (1861-1864), creó las condiciones de la propia crisis. Es decir, que los excedentes de producción generados no encontraron mecanismos para su absorción (no había mercado, es decir, compradores).

La apertura de nuevos mercados expandió las redes de transporte: el ferrocarril y las exportaciones de ultramar. El primero movilizó fantásticas sumas de capital para su financiamiento e impulsó la industrialización pesada (acerías, petroquímica y energía). El segundo reforzó el libre comercio en el esquema de la **división internacional del trabajo**, según la cual los países industrializados colocaban sus excedentes de producción en los países periféricos que proveían las materias primas para sus fábricas.

Empujando los límites

El sistema de libre mercado se desarrolló en un contexto político donde la voluntad de las mayorías no era tenida en cuenta. Apenas una decena de **países centrales** eran democracias restringidas. En los **países periféricos,** la situación era peor.

Esta situación de movilidad de mercancías, capital y trabajo constituyó el auge del *laissez-faire*, y señaló la **segunda ola de la globalización**.

La necesidad de valorización del capital abrió constantemente nuevos negocios e hizo del **imperialismo** un modo de dominación de los países centrales sobre sus colonias. A la larga, las luchas imperialistas enfrentarían a las diferentes potencias para resolver la hegemonía europea (occidental).

La Gran Guerra

La Primera Guerra Mundial (1914-1918) es la expresión de la lucha por definir quién dominaría desde Europa los designios de Occidente y del mundo. Desde el punto de vista económico, supuso la aplicación de capital y recursos humanos en la industria bélica. En los países europeos se estableció una **economía de guerra**.

> La economía de guerra implicó que el gasto público se incrementara varias veces para destinarlo al esfuerzo bélico. El racionamiento de alimentos y otros bienes duró a lo largo de la contienda.

> El mapa resultante de la Primera Guerra definió la posesión de las colonias de Francia, Inglaterra, Alemania y Holanda. Ese dominio, que implicó la desintegración del Imperio Turco, tuvo para los Aliados su botín más preciado: el petróleo.

El nacimiento del comunismo soviético

En los países del centro de Europa, las ideas de Marx y Engels fermentaban entre el proletariado industrial y habían tenido intentos fallidos de ser materializadas. La alianza entre burgueses y poderes monárquicos neutralizó esos intentos a sangre y fuego. Revolucionarios, como Nikolai Lenin (Vladimir Ilich Ulianov, 1870-1924), pensaron que en estos países en donde esta alianza era fuerte, la revolución sería inviable. Rusia ofrecía las condiciones objetivas para instalar el comunismo: una burguesía débil, un régimen zarista despiadado y un proletariado industrial y campesino sometido.

ROSA LUXEMBURGO

La revolución en Rusia (1917) causó que las políticas económicas europeas tengan que tener en cuenta "cuestiones sociales", ante el temor de que el comunismo fuera preferido por su población.

A fines del siglo XIX la industrialización de Rusia era importante. Capitales franceses fueron destinados por el ministro Sergei Witte (1849-1915) para tender ferrocarriles, producir acero y explotar el carbón. Ya en 1898, George Plejanov (1857-1918) creó el Partido Socialdemócrata, introduciendo en Rusia las ideas de Marx.

El régimen soviético

La Revolución de Octubre se definió entre los mencheviques (burgueses rusos) y los bolcheviques (comunistas rusos). Los primeros habían iniciado la revuelta contra el zar y los segundos desplazaron a los burgueses. Lenin en el poder nacionalizó-estatizó todas las tierras y la banca. La deuda externa rusa fue ignorada y las fábricas quedaron bajo control de los *soviets* obreros y el gobierno.

> Los *soviets* eran grupos deliberativos que se estructuraban en forma piramidal (locales, provinciales y nacionales). Había *soviets* de obreros, campesinos, militares, etc. El Congreso soviético era la representación de esos *soviets* en el gobierno. La idea que los animaba era que los interesados resolvieran democráticamente sus problemas y elevaran las soluciones a los *soviets* superiores.

NIKOLAI LENIN

LA PRIMERA MEDIDA DE LA REVOLUCIÓN ES LA DE DECLARAR LA PAZ. NO PODEMOS SEGUIR MATÁNDONOS.

Sólo los alemanes querían aceptar la paz. Los Aliados (Francia, Inglaterra, Italia, y Rusia) no cesarían de luchar hasta que no quedara claro el reparto de las colonias. Los EE.UU. estaban con los Aliados, pero no tenían intereses territoriales directos.

> En la Paz de Brest-Litovsk, (1918) Rusia perdió Polonia, Ucrania y otras regiones ocupadas por poblaciones no rusas.

La Paz

Diez millones de muertos, 20 millones de heridos y ciudades arrasadas fue el costo de definir la supremacía de los Aliados sobre la coalición de alemanes, austrohúngaros y turcos. El Tratado de Versalles fijó duras condiciones para los derrotados: multas y prohibiciones para Alemania y la disolución de los Imperios Austrohúngaro y Otomano.

> ESTA EXPERIENCIA INDICA QUE TENEMOS QUE CREAR INSTITUCIONES INTERNACIONALES PARA PROTEGER DE AGRESIONES A QUIENES SUSCRIBAN A ELLAS, ARBITRAR EN SUS PROBLEMAS Y EVITAR FUTURAS GUERRAS.

> AQUÍ YA SOMOS DIEZ PAÍSES PARA FORMAR LA *LIGA DE NACIONES*.

WILSON — CLEMENCEAU

> Uno de las figuras intelectuales salientes detrás de la formación de la Liga de las Naciones fue el jurista austríaco Hans Kelsen (1881-1973), quien sostenía que los ordenamientos jurídicos del Estado-Nación debían tener, a la larga, una fuente jurídica superior e internacional.

Un nuevo ordenamiento de las potencias implicaba que los negocios podrían volver a establecerse como antes de la guerra. Pero, nuevos fenómenos, como el fascismo italiano, el nazismo alemán y el comunismo soviético, harían esto imposible.

La consolidación de la URSS

En 1924 murió Lenin. En breve tiempo había logrado establecer un sistema económico que permitía establecimientos comerciales privados y un sistema financiero semicapitalista. Esta política se conoció como la NPE (Nueva Política Económica).

En la lucha por la sucesión de Lenin, José Stalin (Iosif Vissarionovich Dzhugashvili 1879-1953) derrotó definitivamente a la facción de León Trotsky (León Davidovich Bronstein 1879-1940) en 1927, y asumió el poder absoluto del Partido Comunista y de la URSS.

Breve retorno al laissez-faire

Terminada la guerra, el capitalismo dejó de ser hegemonizado por Gran Bretaña. Los EE.UU. surgían como la nueva potencia de Occidente, a la vez que la URSS se delineaba como un naciente modelo antagónico. En ese contexto, las grandes corporaciones volvieron a iniciar sus negocios en un clima de libre comercio. El comercio, la banca y los servicios estaban en manos privadas, mientras que el Estado se dedicaba a la seguridad, la educación y la salud, en ese grado de importancia.

El Tratado de Versalles aplicó duros términos a los alemanes. La rendición final de las tropas estuvo a cargo de los políticos de un naciente sistema político democrático llamado la "República de Weimar". Esto puso a salvo a los militares y aristócratas que dominaban el país hasta 1918, y les permitió resurgir liderados por un cabo del ejército austríaco: Adolfo Hitler.

> La inclemencia del Tratado fue atemperada en 1923 por un plan de ayuda diseñado por Charles G. Dawes (1856-1951). El Plan Dawes era el reconocimiento extendido de que el Tratado de Versalles traería problemas para todos.

Adiós al patrón oro

En Occidente, las tensiones políticas se mantuvieron latentes. Las economías nacionales no podían recuperarse y los gobiernos pronto se vieron obligados a abandonar el **patrón oro**.

> El **patrón oro** era una convención por la cual cada país podía emitir moneda sólo hasta la cantidad de oro en reservas que poseía. Las transacciones internacionales se hacían en oro o divisas (monedas fuertes como la libra) y la moneda local circulaba en las economías internas. Hasta la Primera Guerra Mundial ese patrón se mantuvo, con altibajos, puesto que las crisis obligaban a los países a hacer sus monedas **inconvertibles** para evitar la pérdida de sus reservas del preciado metal. Durante la guerra se suspendió y luego de la misma intentó ser retomado con poco éxito.

Suponiendo que en el primer caso la cantidad de moneda representa el valor de la cantidad de oro, esa moneda es "sana".

En el segundo caso, la moneda está devaluada. Por lo tanto es probable que provoque **inflación**.

La inflación fue un fenómeno característico durante el período de entreguerras, debido a la emisión de moneda sin respaldo. Por lo tanto, todos consumían en vez de ahorrar, presionando los precios (de bienes, salarios e impuestos) al alza. La inflación, el aumento constante y generalizado de los precios de bienes y servicios, está reflejada en el **índice de precios**.

La **hiperinflación** es un fenómeno económico en donde la **huida del dinero** es masiva. Se considera que un país entra en hiperinflación (como la República de Weimar en 1922/23) cuando el índice anual de precios supera el crecimiento del 1.000%.

Posguerra en Europa

Las consecuencias económicas de la guerra fueron la inestabilidad social y política, tanto nacional como internacional; la llegada de Benito Mussolini (1883-1945) al poder en Italia, la de Primo de Rivera (1903-1936) en España y la de Hitler (1889-1945) en Alemania. Los tres regímenes expresaban un rechazo al comunismo y al liberalismo. Francia e Inglaterra estuvieron al borde de la revolución. Francia, Bélgica, Italia y Polonia se vieron especialmente afectadas en su estructura ferroviaria y de producción.

Toda la "economía de guerra" generó una forma de producción y consumo que trastornó la vida de los pueblos europeos. Retornar a la "normalidad" sería traumático, y a la ortodoxia liberal, imposible.

Hacia 1929, el economista estadounidense Owen D. Young (1874-1962) presidió la Segunda Conferencia sobre Reparaciones de Guerra (que debía pagar Alemania). Como resultado, elaboró un plan que llevó su nombre y que preveía que Alemania pagaría sus deudas desde la fecha hasta 1988.

El taylorismo

En los EE.UU., la forma de organizar la producción para aumentar su rendimiento fue una preocupación de Frederick W. Taylor (1856-1915). Sus técnicas "científicas" se aplicaron en las fábricas modernas de todo el mundo.

Cronometrar y medir los movimientos.
Estandarizar las tareas.
Asignar tareas simples a cada operario.
Evitar que se agoten los obreros mediante el descanso.
Remunerar a cada uno según su productividad.
Evitar el trabajo en equipo.

Y SUPERVISAR DESDE AQUÍ CON VISTA DE LINCE.

El taylorismo implicó un aumento de la productividad debido a la reducción de "tiempos muertos" y a la intensificación del trabajo. La idea de su mentor era la de optimizar la capacidad exportadora de su país y así mejorar la calidad de vida de patrones y obreros. Durante la Gran Guerra su método comenzó a sufrir variaciones que tenían que ver con la introducción de la línea de montaje.

El fordismo

La producción de automotores revolucionó el capitalismo. Por un lado, ofreció la oportunidad para que fuertes inversiones pudieran realizarse, y por otro, introdujo nuevas modalidades de producción.

El fordismo debe su nombre a **Henry Ford** (1863-1947), quien no sólo aplicó un nuevo método de fabricación, introduciendo la línea de montaje en serie y aumentando la mecanización, sino que generó nuevos incentivos al consumo, tales como la posibilidad de que los operarios de su planta de **Ford T** pudieran acceder a su compra por medio del crédito.

HENRY FORD Y SU FORD

Con la expansión del crédito para el consumo masivo y los avances técnicos, el capitalismo encontró el oxígeno que necesitaba. Pero la sobreproducción y la desinversión pronto pusieron en peligro todo el sistema, como jamás lo había estado.

Este nuevo modelo de gestión de producción introdujo la negociación colectiva de salarios y transformó todas las relaciones sociales haciéndolas girar alrededor de la producción fabril, especialmente en los EE.UU. Los economistas llaman "fordismo" a esta nueva forma de reproducir la sociedad capitalista.

La crisis de 1929

Los EE.UU. surgieron, luego de la Gran Guerra, como la potencia que amenazaba la hegemonía británica. Sus fábricas funcionaban a todo vapor y el clima de euforia llevó a pensar que los ciclos de caída eran cosa del pasado. Sin embargo, tanta producción estaba por quedarse sin mercado, y los ahorros se distraían en la especulación bursátil.

La **bolsa de valores** es un recinto en donde los operadores compran y venden **acciones**. Las empresas venden acciones para obtener financiamiento. El dinero obtenido, es devuelto luego con las ganancias de la empresa. Si la empresa tiene un buen desempeño, sus acciones suben.
Luego, si la empresa no gana (no vende lo producido) deberá conseguir más financiamiento, o liquidarse para honrar sus compromisos.

Cuando los operadores actuaron con gran optimismo a fines de la década del '20, generaron una **burbuja especulativa**, puesto que las empresas no podrían responder con sus rendimientos a esas expectativas

La crisis en los EE.UU.

Cuando las empresas no pudieron alcanzar los objetivos proyectados, se elevó una ola de pánico. Al querer desprenderse de acciones de las compañías, lo único que se hizo fue empeorar las cosas. Los bancos que habían prestado dinero para comprar acciones y para construir casas, quebraron. Las primeras se hicieron humo y las cuotas de los créditos hipotecarios se incumplieron porque los tomadores eran empleados de esas empresas que también quebraban.

El cine, nuevo arte en evolución mostraba la crudeza de la crisis. De una semana para otra, millones de estadounidenses se quedaron sin hogar, trabajo y dinero.

El fin del libre comercio internacional

El congreso de los EE.UU. aprobó en 1930 la ley Hawley-Smoot. La misma elevaba los aranceles de importación para todos los productos que ingresaran a ese país. En una carta firmada por más de 1.000 economistas se solicitaba al presidente Herbert Hoover que vetara esa ley.

HERBERT HOOVER

La ley Hawley-Smoot provocará inevitablemente represalias de otros países.

Como resultado de esta ley, los países europeos adoptaron medidas similares. La propia Gran Bretaña, en 1932, en la Cumbre de Otawa, estableció tarifas preferenciales para el comercio entre países del *Commonwealth* y barreras para los que no lo eran. El Japón, que necesitaba mercados para sus productos, llevó a cabo una política exterior nacionalista y militar que lo acercaría a Hitler.

El cierre de las economías, a largo plazo, trajo perjuicios para todos y no contribuyó a la resolución pacífica de los problemas.

Para salir de la crisis en los EE.UU., el presidente Franklin D. Roosevelt (1882-1945) aplicó un pacto social, el *New Deal* (Nuevo Pacto), que implicó la intervención del Estado en áreas económicas (Ley de Recuperación de la Industria), y socorro (Decreto de Seguridad Social) y disciplinamiento (control social propio del fordismo) a la sociedad que tambaleaba bajo los efectos de la crisis.

La crisis mundial

Al verse afectada la economía más pujante de Occidente, se produjo un **contagio**. Muchos inversores europeos tenían sus dineros depositados en Wall Street y su pérdida repercutió en las economías domésticas. A la ola de euforia le siguió la depresión.

Pese a que el patrón oro se había abandonado aún existía una integración económica mundial que se resintió a niveles nunca antes experimentados.

Un economista que conocía las ventajas que el comercio internacional trae a las economías nacionales con buen desempeño, y que se preocupaba por el empleo, hacía tiempo que estudiaba el comportamiento económico desde el punto de vista de las expectativas, la incertidumbre y la ignorancia de los actores. La crisis del '29 llevó al centro de la escena a John Maynard Keynes (1883-1946).

John Maynard Keynes

La obra de Keynes es crítica de la teoría económica ortodoxa. Frente a la crisis del '29, la creencia clásica de que el sistema económico se regula "automáticamente", manteniendo así nivel de empleo, se desmoronó. En 1926, ya había publicado *El fin del laissez-faire*, en donde acusa de mito a la "mano invisible" del mercado y cuestiona los razonamientos matemáticos de Walras, a este respecto.

En su ***Teoría general de la ocupación, el interés y el dinero***, de 1936, Keynes establece el origen de la **macroeconomía**.

El legado de Mandeville

El médico y filósofo inglés Bernard Mandeville (1670-1733) había establecido en su *Fábula de las abejas, o vicios privados, virtudes públicas*, que las acciones viciosas de los hombres podían redundar en virtudes para la sociedad. En ese marco, condenó el ahorro y propuso el gasto dispendioso.

Estas afirmaciones moralmente impertinentes de Mandeville están en la base del pensamiento económico de Keynes: estimular el consumo, el gasto.

> También pueden rastrearse en Quesnay ideas tales como que el ahorro excesivo detiene la circulación de bienes causando una merma de la actividad económica.

La Teoría general

En su teoría Keynes llama "demanda efectiva" al conjunto de bienes realmente comprados en una economía. Esa demanda se divide en dos: bienes de consumo (C) y de capital (I). Es decir, que la demanda global es la suma de ambas.

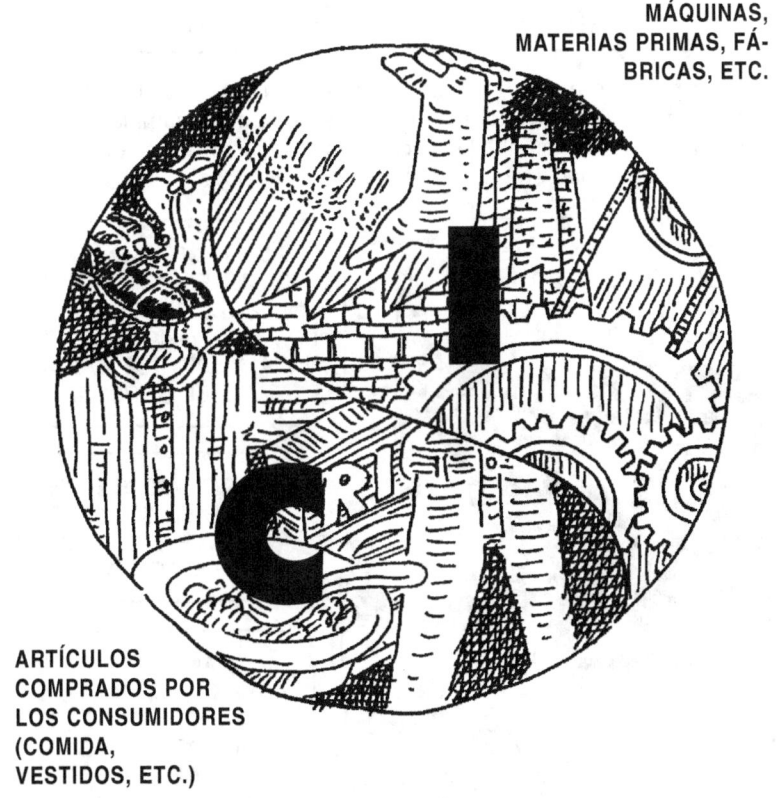

MÁQUINAS, MATERIAS PRIMAS, FÁBRICAS, ETC.

ARTÍCULOS COMPRADOS POR LOS CONSUMIDORES (COMIDA, VESTIDOS, ETC.)

$$DA = C + I$$

Esta sencilla fórmula indica que del gasto global tiene dos partes que obedecen a factores diferentes. El gasto de las familias depende del ingreso, mientras que la inversión depende de las expectativas que los empresarios tienen sobre las futuras ganancias.

Según la teoría de Keynes, la demanda de los consumidores está en función del ingreso nacional disponible. Pero no todo el consumo aumenta del mismo modo en que lo hace el ingreso nacional (decimos nacional, porque hablamos de macroeconomía).

> De modo matemático:
> ## C = f(y)
> (El consumo es una función del ingreso)

Keynes propone hacer un cociente entre el incremento del consumo (C) y el incremento del ingreso (Y). El resultado se denomina "propensión marginal a consumir", e indica cuánto se incrementará el consumo por cada unidad en que crece el ingreso nacional.

JOHN MAYNARD KEYNES

La propensión a consumir es mayor que cero. De lo contrario, (si fuera cero) el consumo sería nulo.

La propensión a consumir es menor a uno. Si no, el ingreso y el consumo variarían en la misma medida (se gastaría todo el ingreso).

$$0 > \frac{\Delta C}{\Delta Y} > 1$$

Esto quiere decir que el cociente siempre estará entre 0 y 1.

Si toma el valor 0,5, significa que por cada unidad de ingreso, lo consumidores gastarán 50 centavos y ahorrarán el resto.

Toda esta consideración es válida para condiciones "normales", es decir, que no haya guerras, caos social, cambios bruscos en las reglas del juego económico, etc. Ante estas condiciones, los consumidores podrán consumir más (alimentos, elementos de seguridad, etc.) o ahorrar (resguardar su dinero en bancos o colchones hasta que pase el peligro).

El ahorro, ¿la base de fortuna?

A diferencia de los clásicos, que consideraban que el ahorro estimula la inversión, Keynes estableció que sucede todo lo contrario. Es decir, que las inversiones hacen crecer el ingreso y permiten el ahorro. En consecuencia, el aumento del ahorro nacional puede hacer caer el ingreso, por falta de inversión.

Esto se conoce como la "paradoja de la frugalidad". Los individuos ahorran y no consumen; por lo tanto, en el próximo ciclo, cae el ingreso.

Ocupación y consumo

El **ingreso nacional** depende de la suma de todo lo producido (y vendido) en un período de tiempo. Entonces, se supone que para que aumente el ingreso nacional los empresarios deben aumentar la producción (invertir). Para ello deben emplear más mano de obra (siempre y cuando un robot no haga el trabajo de 100 hombres). Indirectamente, Keynes dice con esto que el ingreso nacional depende de la cantidad de gente empleada.

Ya en 1910, Keynes se había preocupado por las expectativas, el acceso a la información y la incertidumbre de quienes deciden una inversión. Con la crisis del '29, estas definiciones y la mayoría de sus ideas tendrían gran predicamento.

La tasa de interés y la inversión

Una vez que el empresario decide una inversión, puede tomar un préstamo, puesto que en sus expectativas de ganancia incluyen la devolución del capital más el interés correspondiente.

Keynes demostró con una curva que relaciona la inversión con la tasa de interés, que cuanto más alta es la tasa, menos se invierte, y viceversa. La llamó **curva de demanda de inversión**.

El multiplicador

El ingreso nacional crece cuando lo hace la inversión y se mantiene la propensión marginal a consumir. Un coeficiente **K** relaciona el incremento del ingreso y el de la inversión nacionales. El **multiplicador** (K) indica que "cuando existe un incremento en la inversión total (I), el ingreso aumentará k veces el incremento de la inversión".

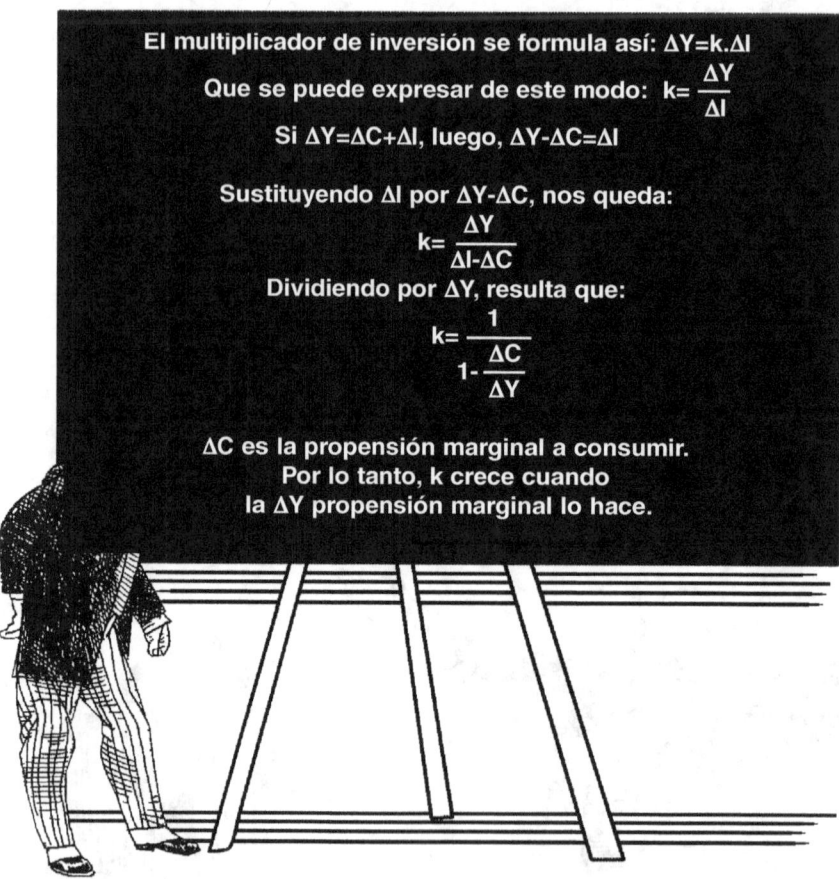

El multiplicador de inversión se formula así: $\Delta Y = k \cdot \Delta I$

Que se puede expresar de este modo: $k = \dfrac{\Delta Y}{\Delta I}$

Si $\Delta Y = \Delta C + \Delta I$, luego, $\Delta Y - \Delta C = \Delta I$

Sustituyendo ΔI por $\Delta Y - \Delta C$, nos queda:
$$k = \dfrac{\Delta Y}{\Delta I - \Delta C}$$

Dividiendo por ΔY, resulta que:
$$k = \dfrac{1}{1 - \dfrac{\Delta C}{\Delta Y}}$$

ΔC es la propensión marginal a consumir. Por lo tanto, k crece cuando la ΔY propensión marginal lo hace.

El multiplicador demuestra en la teoría keynesiana que lo que genera crecimiento económico es el consumo y no la mera acumulación en forma de ahorro, tal como proponían los clásicos.

El empleo

Keynes juzgó que la desocupación no era una preocupación importante en los clásicos. Para ellos, era un acto voluntario debido a que rehusaban trabajar por un salario menor; o era temporaria, porque se estaban reubicando en el sistema productivo. Los tiempos habían cambiado y afirmaba que aplicar la teoría clásica en la economía de su tiempo (década del '30, plena crisis del capitalismo) era una locura.

La insuficiente demanda de bienes de la economía nacional hace que los empresarios reduzcan su producción, para lo cual prescinden de mano de obra. El *quid* de la economía keynesiana es elevar el consumo, con lo que se asegura el pleno empleo y el aumento del ingreso nacional.

Bueno para uno, malo para todos

Según la teoría clásica, desde la óptica de una empresa, la baja de los salarios reduce el desempleo. Esto se basa en que, al reducirse los costos de fabricación (vía salario), se decide un aumento de la producción, para lo cual se toma más mano de obra. Como resultado, la empresa gana.

Sin embargo, la demanda global (que los clásicos suponían estable) cae, por haber menos poder de compra. Si esto sucede el ingreso nacional disminuye y el nivel de actividad decae. Esto significa que mantener bajos los salarios es bueno para las empresas, pero a la larga y globalmente, es perjudicial para la economía en su conjunto.

En el ejemplo anterior, todos funcionan con una lógica económica maximizadora que Keynes no aceptaba como conducta excluyente de los hombres. Las acciones económicas están influidas por otras razones que podrían llevar a que los comportamientos fueran distintos.

La eficiencia marginal del capital

Al igual que los marginalistas aplican ese concepto a la oferta, la demanda, etc., Keynes establece que la eficiencia marginal del capital es la relación entre el rendimiento futuro de cada unidad adicional de capital y su costo. Es decir que, en la medida en que aumentan las inversiones en un rubro, disminuye su eficiencia marginal.

A medida que el capital se destina a emprendimientos existentes, baja su eficiencia marginal, pero disminuye la incertidumbre. Si se aplica a la innovación tecnológica o de otra índole, su rendimiento es mayor, pero en un marco de incertidumbre que conlleva lo nuevo.

Las empresas de aviación o aeroespaciales son el ejemplo de esto. Como son necesarias sumas enormes para desarrollar y producir, terminan siendo monopolios o empresas manejadas por el Estado.

El interés

Ya vimos el papel del costo del dinero en las decisiones de los empresarios. Para los clásicos, la tasa de interés (el precio del dinero) se determinaba por la oferta y la demanda de dinero. Pero para Keynes: "La tasa de interés no es el precio que equilibra la demanda de fondos para invertir, con la disposición de abstenerse del consumo. Es el precio que equilibra el deseo de obtener riquezas en forma de dinero con la cantidad disponible de dinero".

En este caso, las preferencias personales del empresario lo llevan a tomar una decisión que no está orientada por la racionalidad económica, situación que Keynes entendía perfectamente.

Breve síntesis keynesiana

Keynes concluye que variables tales como la tasa de interés y la cantidad de dinero circulante deben ser influidas por las políticas del Estado para fomentar la demanda global.

El pleno empleo depende del nivel de las inversiones.

El crecimiento de las inversiones tiende a reducir la eficiencia del capital.

SÍNTESIS DE LA TEORÍA DE KEYNES

Cuando la tasa de interés es alta, baja la inversión y aumenta la desocupación.

En clara oposición a los clásicos, Keynes sostenía que a los mercados hay que equilibrarlos mediante políticas económicas estatales que fomenten el consumo masivo. El desempeño del capitalismo requiere de la intervención del Estado, porque el mercado puede asignar recursos, pero no ser el cimiento de una sociedad.

Concepto importante

La discusión con los clásicos puede ejemplificarse diciendo que lo que es bueno para la economía de una empresa, no tiene por qué serlo para el conjunto de la economía. Los clásicos partían de las empresas para llegar al conjunto. Keynes analizó el conjunto para concluir que las variables macro son las que determinan el buen desempeño de una economía.

Situación inicial en que todos ven desde su asiento.

Ver mejor implica un esfuerzo (es mejor estar sentado).

Para conservar la visión del espectáculo, comienzan a pararse todos. De resultas, todos están en el mismo lugar pero incómodos.

Para sobresalir más, la innovación lleva al uso de elementos para elevarse por sobre los demás, a riesgo de caerse. La iniciativa individual ha llevado a un estado de caos.

La intervención del Estado no busca reemplazar la iniciativa privada sino darle una racionalidad colectiva a ese esfuerzo individual.

Demanda global, exportaciones e importaciones

Muchas veces escuchamos que para que un país pueda exportar, los salarios han de ser bajos. Si esto se cumple en una economía abierta, lo que se produce es una transferencia de ingresos de los trabajadores a los empresarios u otro sector de la economía. En este modelo exportador ideal el mantenimiento de la demanda global no afecta al desempeño de la economía. No obstante, ante la baja de la demanda global, probablemente los sindicatos presionen por el alza de los salarios.

Este ejemplo forzado muestra la diferencia entre una economía socialista y otra capitalista, para las cuales los principios económicos varían. En el primero, por obra de la decisión del Estado, muchas variables pueden "manejarse", mientras que en el capitalismo esas variables requieren de un tratamiento político intenso para lograr acuerdos.

Las cuentas nacionales

Para realizar la contabilidad naciona, se recaban datos constantemente. Basicamente se mide el **PBI**, el consumo, la oferta y la demanda, las importaciones, las exportaciones y la inversión.

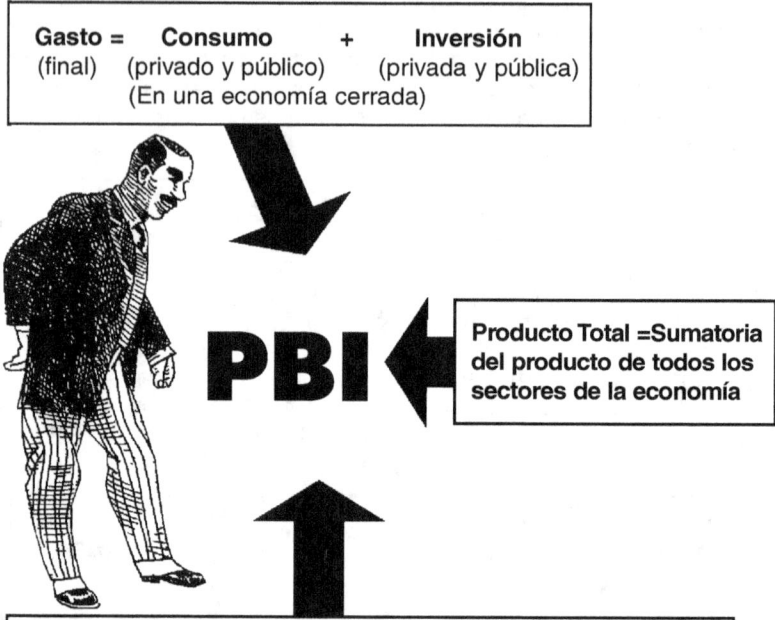

El **Producto Bruto Interno** puede medirse por estos tres caminos propuestos por Keynes. El **producto** se denomina **bruto** porque se calcula con las amortizaciones y depreciaciones de los bienes de capital. Y es **interno** porque es el valor agregado total de todos los bienes y servicios producidos dentro de las fronteras de un país. Su resultado se mide en unidades de moneda y se toma como lapso un año.

El **Producto Bruto Interno** (**PBI**) mide el valor total de todos los bienes y servicios finales de la producción realizada por los residentes del país, mientras que al **PBN** se le agrega el producto de los nacionales que residen en el extranjero y se le resta el de los extranjeros que residen en el país.

La econometría

La econometría es la estadística y la matemática aplicada a la economía. Desde principios del siglo XX y a partir del enfoque macroeconómico de Keynes, se utilizaron para testear con modelos matemáticos ciertas hipótesis de la teoría económica.

La econometría no sólo aplica la estadística sino sistemas de ecuaciones que relacionan múltiples variables entre sí.

La política macroeconómica

La identidad fundamental de la contabilidad nacional es la siguiente:

$$PBI = C + I + X - M$$

En donde C es el consumo, I la inversión, X las exportaciones y M las importaciones.

El agotamiento de las soluciones ortodoxas y los horrores de la Segunda Guerra Mundial abrieron paso a la aplicación de las políticas keynesianas.

La Segunda Guerra

Alemania, dominada por los militares y una elite industrial-rentista, confió su suerte, a la muerte del presidente Paul B. von Hindenburg (1847-1934), al canciller y jefe de un partido que en nombre del nacionalismo y del socialismo prometía poner ese sufrido pueblo al tope de las naciones del mundo. El Partido Nacionalsocialista Alemán, encabezado por Adolfo Hitler, había combatido el desempleo a partir de su ascenso en 1933, con políticas activas. Pero hacia 1938, la situación económica y política lo llevaría a la única salida que satisfacía su ambición: la guerra.

Nuevamente se pusieron en movimiento la producción bélica, los racionamientos y las energías humanas (trabajo) que el esfuerzo de guerra requirió.

El avance tecnológico

La Segunda Guerra dio a luz una serie fantástica de inventos, a la vez que confrontó al hombre con la propia capacidad de destruirse.

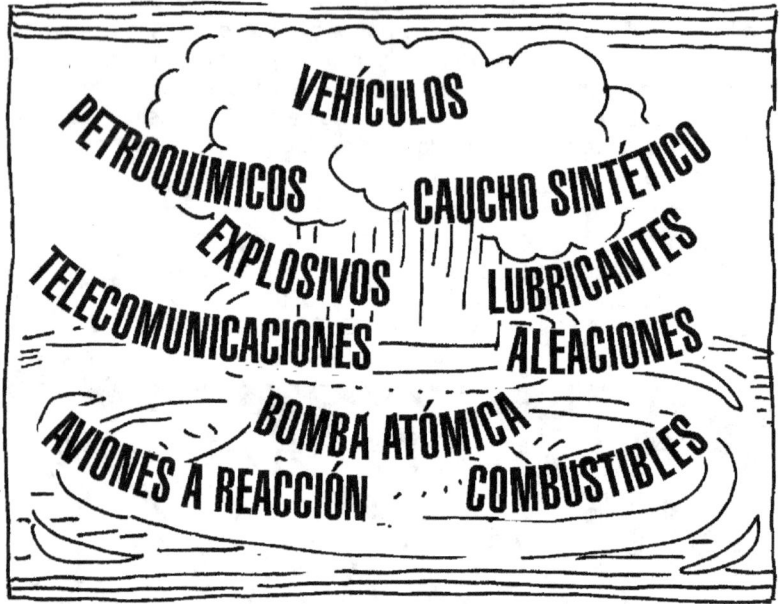

El desajuste económico de entreguerras se solucionó con las políticas de reconstrucción posteriores a la Segunda Guerra. Los regímenes políticos antiliberales (fascismo y nazismo) fueron derrotados, y el comunismo quedó confinado a la órbita soviética.

> Si el hambre había sido el disciplinador de la sociedad industrial, la muerte lo sería de las modernas economías de masas.

La consecuencia político-social de la guerra fue que los pueblos europeos ya no estaban en condiciones de ser "ajustados" con políticas ortodoxas. Esta situación, junto a la Guerra Fría propició la creación del **Fondo Monetario Internacional** (FMI), del **Banco Mundial** (BM) y del **Acuerdo General sobre Comercio y Tarifas** (GATT).
De la Liga de las Naciones surgió la Organización de las Naciones Unidas (ONU) y, como adherente a la Liga, la OIT (Organización Internacional del Trabajo). Todas formaron el conjunto de instituciones que buscan la armonía política y económica de los países de Occidente.

El FMI

Para evitar los desórdenes monetarios previos a la guerra, las naciones nucleadas en la Organización de las Naciones Unidas acordaron, en la Conferencia de Bretton Woods (1944), formar un organismo internacional que estabilizara los tipos de cambio y permitiera así la libre convertibilidad de las monedas.

Los 44 países firmantes de este acuerdo se comprometen a no devaluar sus monedas, salvo una vez y por no más de un 10%.

Además, esos países aportarán al fondo una cuota proporcional al volumen de su comercio exterior, a su ingreso nacional y a sus tenencias en reservas.

Cuando algún miembro esté en dificultades en su balanza de pagos podrá solicitar ayuda financiera al fondo.

JOHN MAYNARD KEYNES

BRETTON WOODS CONFERENCE

En 1952 se estableció el sistema de **acuerdos Standby** que permitió a los miembros del **FMI** obtener líneas de crédito para prevenir (anticiparse a) situaciones de crisis en la balanza de pagos.

Con los años, el papel del **FMI** se fue haciendo más importante (hoy suman más de 140 sus miembros); los países en vía de desarrollo se adhirieron a él, hasta que, con la crisis del petróleo, su rol de nivelador del tipo de cambio se vio afectado y su función de asistencia a países en crisis, se hizo cada vez más deficiente.

La proporcionalidad de la cuota de los países miembros del **FMI** se traduce en un voto calificado. De este modo, los países centrales tienen mayor poder de decisión respecto de los periféricos.

El Banco Mundial

El Banco Internacional de Reconstrucción y Desarrollo (BIRD), conocido como Banco Mundial, también surgió de los acuerdos de Bretton Woods y comenzó a operar en 1946.

EL BANCO MUNDIAL TENDRÁ LA MISIÓN DE FINANCIAR EMPRENDIMIENTOS PRODUCTIVOS, PROGRAMAS SOCIALES Y ACTIVIDADES ECONÓMICAS TENDIENTES A LA RECONSTRUCCIÓN DE EUROPA.

JOHN MAYNARD KEYNES

BRETTON WOODS

El objetivo del Banco Mundial es el de fomentar el desarrollo económico, para lo cual establece préstamos directos a los gobiernos, o a empresas privadas con garantía gubernamental, cuando el capital privado es escaso, para financiar infraestructura, generación de electricidad, etc.

Además de la asistencia financiera, el Banco Mundial provee de ayuda técnica (económica) a los gobiernos que la soliciten. Para el fin de entrenar a los funcionarios de gobierno se creó en 1955 el Instituto de Desarrollo Económico.

El GATT

Para evitar las contiendas comerciales que se habían desatado entre ambas guerras mundiales, y que habían puesto un freno al libre comercio, se instrumentó un acuerdo general para reducir el sistema de cuotas y tarifas.

Lo que discuten los países miembros es que la competencia internacional se ve distorsionada por barreras arancelarias, no arancelarias y pararancelarias. Las primeras son explícitas y se determinan por el nivel de tarifas acordado; las segundas son cupos y otras reglamentaciones menores; y las terceras son subterfugios legales, tales como la calidad del producto, condiciones sanitarias, etc.

> En 1993, el **GATT** se transformó en la **OMC** (**Organización Mundial de Comercio**), que abarca más de 100 países.

El papel de la OIT

En la atmósfera de cooperación entre el trabajo y el capital, la **OIT** estableció estándares mínimos para las legislaciones laborales nacionales. Durante la posguerra amplió su esfera de acción a los países en desarrollo, luchando por los derechos de los trabajadores y de los sindicatos.

1919

A un año del fin de la Primera Guerra se crea la OIT para mejorar las condiciones de trabajo y el nivel de vida de los trabajadores.

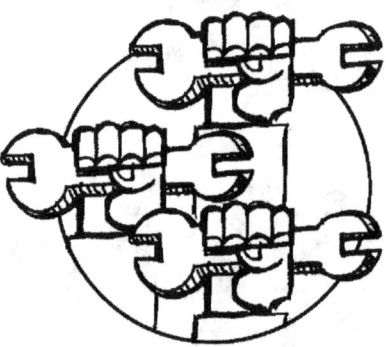

1930

El objetivo de la OIT era luchar por la creación de empleo.

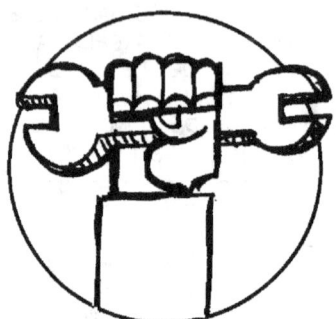

1950

Con el fin de la Segunda Guerra se produjo la descolonización de vastas regiones de África y Asia, con lo que la OIT dejó de estar integrada sólo por países desarrollados y se ocupó de los problemas de la explotación del trabajo en estos países en desarrollo.

Al igual que los otros organismos internacionales, la **OIT** ofrece ayuda técnica y formación a dirigentes sindicales de los países miembros.

El Estado Benefactor

Una consecuencia práctica de la aplicación de la economía keynesiana en Europa fue el surgimiento de un Estado que garantizaría el pleno empleo, los servicios sociales básicos universales (salud, educación), la previsión social (jubilación) y la extensión del acceso al crédito de franjas de la población que antes no lo tenían (para fomentar el consumo), todo ello en el marco político de la democracia de masas.

La labor de Keynes tuvo sordos pero poderosos detractores que refutaron su **Teoría general**. Los liberales acérrimos jamás aceptarían el keynesianismo y, a la larga, lo harían caer.

El Plan Marshall

Los EE.UU., en su papel de nuevo líder de Occidente, prepararon el Programa de Recuperación Europea, popularmente conocido como Plan Marshall (derivado del apellido del Secretario de Estado, el general George C. Marshall). El mismo abarcó 16 países, más Alemania Occidental. Durante su aplicación (1948-1952) los países europeos crecieron un 20% en promedio

Al término de la guerra Alemania quedó partida en dos. Esa partición era el símbolo de un mundo nuevo: el mundo bipolar.

> El Plan Marshall fue tan exitoso que su aplicación fue propuesta por el presidente Harry S. Truman (1884-1972) para ser aplicado a los países subdesarrollados, siempre y cuando se ajustaran a la política anticomunista de Occidente, contenida en la Doctrina Truman (1947) y en el Programa de los Cuatro Puntos (1949).

> El complemento militar de esta asociación fue la creación de la OTAN (Organización Tratado del Atlántico Norte) en 1949 y de la CIA (Agencia Central de Inteligencia) en 1947.

La amenaza soviética sobre Grecia y Turquía hizo que Gran Bretaña advirtiera a los EE.UU. que no estaba en condiciones de financiar la Guerra Fría en los países mediterráneos. Truman logró que el Congreso estadounidense enviara ayuda económica y militar a la región.

Los guardianes del liberalismo

Ludwig von Mises (1881- 1973) y su discípulo Frederich von Hayeck (1899-1992), economistas de la escuela de Viena, presentaron batalla ideológica a las ideas keynesianas.

Ambos economistas austríacos ya se habían opuesto, en el plano académico, a las ideas intervencionistas de Keynes antes de la Segunda Guerra. Luego de ésta, reunieron en una localidad de Suiza a una cincuentena de economistas de todo el mundo.

Hayeck y Mises crearon la Sociedad de Mont Pellerin, la que constituyó el núcleo ideológico del noeliberalismo, que se impondría como pensamiento único a fines del siglo XX.

El papel de los liberales

Al término de la guerra, la Unión Soviética liderada por Stalin emergió de la contienda como el único sistema político-económico alternativo y antagónico al capitalismo. El temor de que se extendiera por Europa hizo que los gobiernos de Europa Occidental adoptaran políticas keynesianas para mejorar la calidad de vida de sus habitantes. Sesenta millones de esas vidas se había llevado la guerra.

La Conferencia de Yalta (1945) definió un nuevo mapa político de Europa, el eclipse de Gran Bretaña y la confirmación de los EE.UU. como sucesor de su madre patria. En tanto, la posición de la URSS señalaba que un nuevo mundo decididamente bipolar quedaba inaugurado.

Un importante filósofo vienés, Karl Raimund Popper (1902-1994), en *La sociedad abierta y sus enemigos* (1945), fustigaba todo tipo de totalitarismo y elevaba la democracia liberal y el liberalismo económico como ideal máximo, por sobre otras opciones.

La URSS o la economía planificada

En el sistema capitalista, o economía de mercado, los medios de producción están en manos privadas, de modo que el mercado es el que decide qué se produce, cuánto, cómo y para quién. En las economías socialistas o economías de planificación central, los medios de producción son propiedad del Estado y las decisiones están en manos de agencias técnicas (influidas políticamente) dedicadas a tal efecto.

La economía socialista de la URSS se caracterizó por una ineficiente asignación de recursos para la producción. Como los directores de las agencias disponían de los recursos para determinar los objetivos de producción, los destinaban en exceso para asegurarse las metas. Con el paso del tiempo, la economía soviética tuvo que basar su crecimiento en la represión del consumo popular, al punto de que se produjeron hambrunas propias de la Edad Media.

El socialismo de mercado

Entre el sistema capitalista y el de planificación central existen otros, intermedios, que combinan ambos extremos. En ellos, el Estado funciona como capitalista (la banca) en tanto que la asignación de recursos esta librada a las señales que los consumidores lanzan en el mercado. Si bien son las agencias las que fijan los precios, los mismos pueden sufrir modificaciones para alcanzar "ajustes de mercado". Es decir, que las agencias son receptivas a las señales del mercado.

> Al término de la Segunda Guerra el mariscal Tito (Josip Broz 1892-1980), héroe de la Gran Guerra y revolucionario, se había consolidado como líder de Yugoslavia. Siendo comunista, se distanció de Stalin y de Occidente, creando un sistema económico mixto.

En general, luego de la Segunda Guerra, la fuerza del mercado se diluyó en los países occidentales, en tanto que en el mundo comunista el Estado (como siempre) tuvo el rol principal. En ambos casos, la política tenía preeminencia sobre la economía.

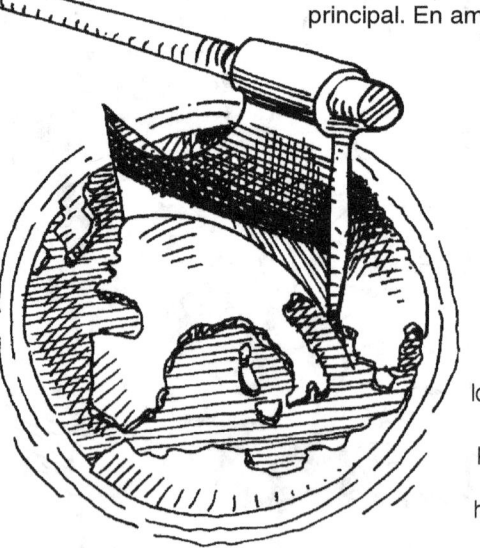

Las economías mixtas de los países periféricos estuvieron jaqueadas por sus propias limitaciones y porque en el mundo bipolar había que suscribirse a un bando o al otro.

> Las guerras mundiales habían dado a los países periféricos la oportunidad (para cubrir sus necesidades) de desarrollar cierto tipo de industria. Éstos y otros países en vías de desarrollo fueron el campo de batalla de la Guerra Fría y el laboratorio de distintas políticas económicas.

El mundo bipolar: desarrollo y subdesarrollo

La Segunda Guerra Mundial forjó un nuevo orden mundial, en donde los EE.UU. aparecían liderando Occidente y su sistema económico y político, en tanto la URSS conformaba el otro polo antagónico.
En general, desde el punto de vista económico, se estableció una clara distinción entre países **desarrollados** y **subdesarrollados**. Se identifica a los primeros con aquellos que se han industrializado plenamente y han alcanzado niveles de vida promedio elevados. Los segundos cuentan con economías tradicionales o explotaciones primarias de poco valor agregado, a la vez que intentan industrializarse.

Esta definición clásica no contempla casos especiales, como los países productores de petróleo, que tienen un gran ingreso (más de U$S 1.000), pero éste no se distribuye. Como consecuencia, sus pueblos viven en malas condiciones. Otro inconveniente es la dificultad de realizar estadísticas confiables y de ponderar en dinero operaciones de trueque.

¿Qué es el subdesarrollo?

La tipología clásica dice poco. Por ello se toman otros indicadores, tales como:

Baja renta por habitante.

Estructura sanitaria endeble.

Baja tasa de ahorro por habitante.

Estructura productiva desequilibrada (conviven bolsones de modernidad con economías tradicionales).

Concentración de la riqueza, o mala redistribución.

Altos índices de analfabetismo funcional.

Alto desempleo.

Elevado crecimiento de la población.

Los síntomas del subdesarrollo corresponden a una causa que reconoce tres factores principales: la escasez de capital físico, humano y al tipo de relaciones comerciales internacionales. El primero esta relacionado con el hecho de no haber logrado una "acumulación primitiva", el segundo (se desprende del primero), con la baja inversión en educación básica y el tercero con las desventajas que supone la inserción comercial en el marco de la división internacional del trabajo, tal cual vimos.

La CEPAL

Dentro de las preocupaciones de la nueva institucionalidad de posguerra figuraba el subdesarrollo. En 1948, la ONU creó la CEPAL (Comisión Económica para América Latina) con el objetivo de elaborar investigaciones y planes que sirvieran para desarrollar la región. Según sus estudios, existían un **centro** y una **periferia** definidos por el rol de cada país en la economía mundial.

Como los países centrales poseen alta productividad (en la industria y en el campo), los **términos del intercambio** resultan cada vez más desventajosos para los países periféricos.

En los países centrales las exportaciones generan un aumento de los salarios, mientras que en los países periféricos las exportaciones (a precios decrecientes) causan reducción de salarios y desempleo. Como consecuencia, los mercados internos de los segundos pierden capacidad de compra, de ahorro y, en resumen, de crecimiento.

La descolonización

Otro subproducto de la Segunda Guerra fue el abandono de las actividades imperialistas "a la europea" por parte de los países centrales. La preocupación por devolver a los países periféricos el control de sus territorios tuvo forma institucional: el **Comité de Descolonialización de las Naciones Unidas**.

Es indudable que los territorios colonizados habían luchado por ser libres, pero la "liberación" final tuvo consecuencias negativas. Guerras tribales, masacres y el establecimiento de gobiernos militares, o procesos políticos inestables.

En la periferia, la combinación de Guerra Fría, descolonización y subdesarrollo derivó en experimentos políticos y económicos de diversa índole. De ahora en más el imperialismo se transformaría en una **red de poder**: el modelo estadounidense basado en los organismos internacionales fundados en 1947-48, la acción de las empresas multinacionales y el poder de policía ejercido por Washington.

El estructuralismo

Establecida la crítica de la CEPAL a la Teoría clásica de las ventajas comparativas, surgió la idea de que las asimetrías podrían ser superadas por la acción del Estado. Los Estados nacionales subdesarrollados intervendrían en la economía para impulsar el desarrollo.

El proceso que se iniciaba con estas iniciativas se denominó: **Industrialización Sustitutiva de Importaciones** (ISI).

> Si los países periféricos se industrializaban, sus economías serían más estables porque los precios de esos productos fluctúan menos que los de los productos primarios.

Los esfuerzos por la modernización trajeron varios inconvenientes. Los capitales disponibles se utilizaron en las ISI, las que estaban destinadas a abastecer el mercado interno (no exportación). Esto agotó las divisas disponibles (las ISI dependían de la compra de insumos y maquinaria importada), ahogando el sector externo de la economía. Producido el **estrangulamiento externo**, se desataban procesos de inflación, debido a las devaluaciones.

Los monetaristas

Abrevando en las ideas de Irving Fisher (1867-1947) –quien relacionó el concepto de cambios en la cantidad de dinero circulante en una economía con los cambios en el nivel de precios–, Milton Friedman (1912), se transformó hacia 1960 en el máximo referente de la escuela monetarista o Escuela de la Universidad de Chicago.

> Los monetaristas, con Fredrich von Hayek como principal ideólogo, comenzaron a tener predicamento ante los primeros signos de debilitamiento económico del Estado de Bienestar.

EL MODELO KEYNESIANO HA DE SER RECHAZADO PORQUE ES UNA ABERRACIÓN ECONÓMICA.

LA POLÍTICA FISCAL ACTIVA ES UN ERROR. EL ESTADO NO DEBE INTERVENIR EN LA ECONOMÍA.

EXISTE UNA TASA NATURAL DE DESEMPLEO QUE DEPENDE DE MÚLTIPLES FACTORES REALES.

LA CANTIDAD DE DINERO QUE CIRCULA EN UNA ECONOMÍA ES DETERMINANTE PARA SU EVOLUCIÓN.

MILTON FRIEDMAN

ALPHONSE CAPONE EN CHICAGO

La oposición hacia el keynesianismo es acérrima. El monetarismo supone una vuelta a la "economía", para reemplazar al keynesianismo que está permeado por la "política".

Los inconvenientes que los países centrales experimentaron durante la guerra fría y se acentuaron hacia fines de los '60 y principios de los '70 tenían un nombre: inflación.

Efectos de la inflación

Las situaciones de elevado empleo que el Estado de Bienestar introdujo en los países centrales y los procesos de industrialización en la periferia generaron procesos de inflación en sus economías. Esto lleva a pensar que la misma no tiene una sola causa.

Estos ejemplos ilustran los distintos efectos que tiene sobre la economía una inflación "controlada" y una "descontrolada". La primera (que es la aceptable por Keynes) introduce un incentivo para el consumo; la segunda promueve el ahorro en una posición segura (oro, monedas fuertes, petróleo, etc.).

Un efecto de la alta inflación es una fuerte redistribución de recursos de los que reciben rentas nominales fijas hacia aquellos actores económicos que cuentan con mejor información y mayor dinámica. Otro efecto es distorsionar por completo los precios relativos de la economía y, por lo tanto, desquiciar el proceso productivo.

¿Qué causa la inflación?

Como sucede en casi todos los fenómenos de la economía, se utilizan varios enfoques para determinar las causas de la inflación.

MI QUERIDO MILTON, LAS CAUSAS DE LA INFLACIÓN RADICAN EN QUE LA PRESIÓN DE LA DEMANDA AGREGADA HACE SUBIR LOS PRECIOS.

ESTÁS EN UN ERROR. PORQUE ESE COMPORTAMIENTO DE LA DEMANDA AGREGADA ESTÁ RELACIONADA CON EL AUMENTO DE LA CANTIDAD DE DINERO QUE ESTÁ POR SOBRE LA PRODUCCIÓN DISPONIBLE. HAY MÁS DINERO CIRCULANDO QUE LO QUE SE PUEDE COMPRAR CON ÉL.

¿QUIÉN DIJO QUE TODO EL DINERO CIRCULANTE SE DESTINA AL CONSUMO?

BUENO, POR LO MENOS EL DINERO DE LA MAYORÍA.

JOHN KEYNES

MILTON FRIEDMAN

¿ESO QUIERE DECIR QUE LA DISTRIBUCIÓN DE LA RIQUEZA QUE SUPONE EL ESTADO DE BIENESTAR, HA TENIDO CONSECUENCIAS INFLACIONARIAS?

ESA DISTRIBUCIÓN SE LLEVÓ A CABO DENTRO DE UN MARCO POLÍTICO DETERMINADO. ES DECIR, QUE EL ESTADO INTERVINO PARA REEMPLAZAR AL MERCADO. ESO ES UN ERROR.

Después de la guerra, con los planes de reactivación, parecía que el crecimiento se iba a mantener. Esto generó expectativas que el propio sistema no podría satisfacer (jubilaciones, servicios universales, etc.). La crisis ayudó a que los monetaristas fueran escuchados.

La curva de Phillips

Una de las apoyaturas que tendría Friedman, en su discusión con los keynesianos, fue la curva de Phillips. La misma relaciona la tasa de inflación con la de desempleo.

Con su curva Phillips demostraba que, salvo en períodos en que los precios de los productos importados subían rápidamente, la tasa de inflación podía ser explicada por el nivel de desempleo.

La curva de Phillips ataca las bases del keynesianismo

En síntesis, lo que la curva demostraba era que los esfuerzos del gobierno por mantener alto el empleo no hacían más que aumentar la demanda global. Al elevarse la producción para responder a la demanda, se aumentaba el empleo. Hasta aquí, keynesianismo puro.
Sin embargo, la demanda de trabajo eleva la presión sobre los salarios, lo que a su vez, se traslada a los precios.

Desde el punto de vista político, la negociación colectiva de salarios propia del fordismo daba mucho poder de presión a los sindicatos para subir los salarios, ya fuera para mejorar el nivel de vida como para **indexar** su valor.

> La **indexación** es el mecanismo que se emplea en economías con inflación para ajustar los precios y contratos.

La inflación en los países en desarrollo

La inestabilidad jurídica e institucional de los países en desarrollo, junto a la conflictividad social que los planes de industrialización tardía introdujeron, desembocaron en procesos inflacionarios. Ese tipo de inflación se denomina **inflación estructural**.

Esta secuencia de devaluación y congelamiento se utilizó repetidas veces cuando un país en desarrollo entraba en una espiral inflacionaria y se estrangulaba su sector externo (comenzaba a quedarse sin divisas). Esta dinámica cíclica de auge y caída de corto plazo se conoce como **stop & go** (pare y siga).

En los países en desarrollo, la devaluación seguida de congelamiento "resetea" la economía, pero no elimina los factores profundos que originan la crisis. Por este motivo el ciclo se vuelve a repetir, recibiendo el nombre de **espiral inflacionaria.**

> Otros teóricos hablan de **inflación de costos** y hallan en el aumento de la remuneración de los factores de la producción, la causa de la misma. Por ejemplo, aumento de salarios, materias primas, energía, etc.

La crisis del sistema

El sistema capitalista internacional, basado en las instituciones de Bretton Woods, funcionó llevando a la economía mundial al mayor crecimiento de su historia. Hasta que varios factores contribuyeron a su desequilibrio y desajuste: la Guerra de Vietnam, la crisis del petróleo y la inflación.

EE.UU., líder del mundo no comunista, enfrentaba una disyuntiva formidable: recortar su déficit o devaluar el dólar. En el primer caso, no podía dejar incluir en el presupuesto los gastos bélicos y los de ayuda económica para Europa y Asia. En el segundo, no podía violar los acuerdos de Bretton Woods.

El problema del dólar

El presidente estadounidense Lyndon B. Johnson (1908-1973), al no querer aumentar los impuestos para pagar los programas de la *great society* y la guerra de Vietnam, decidió emitir dólares. Esa emisión terminó por avivar la inflación que ya campeaba por Europa.

Las condiciones político-económicas, comenzaban a ser favorables a las recomendaciones de los monetaristas.

El presidente Richard Nixon (1913-1994) que sucedió a Johnson, intentó cerrar los grifos del gasto y aplicó el control de precios y salarios para detener la inflación. Sin éxito, volvió a los planes expansivos del gasto.

La masa de dólares había duplicado las reservas monetarias mundiales.

Nixon y la crisis

Milton Friedman era el "gurú" que estaba detrás de las acciones del republicano Nixon, hasta que su excesivo "intervencionismo", lo alejó.

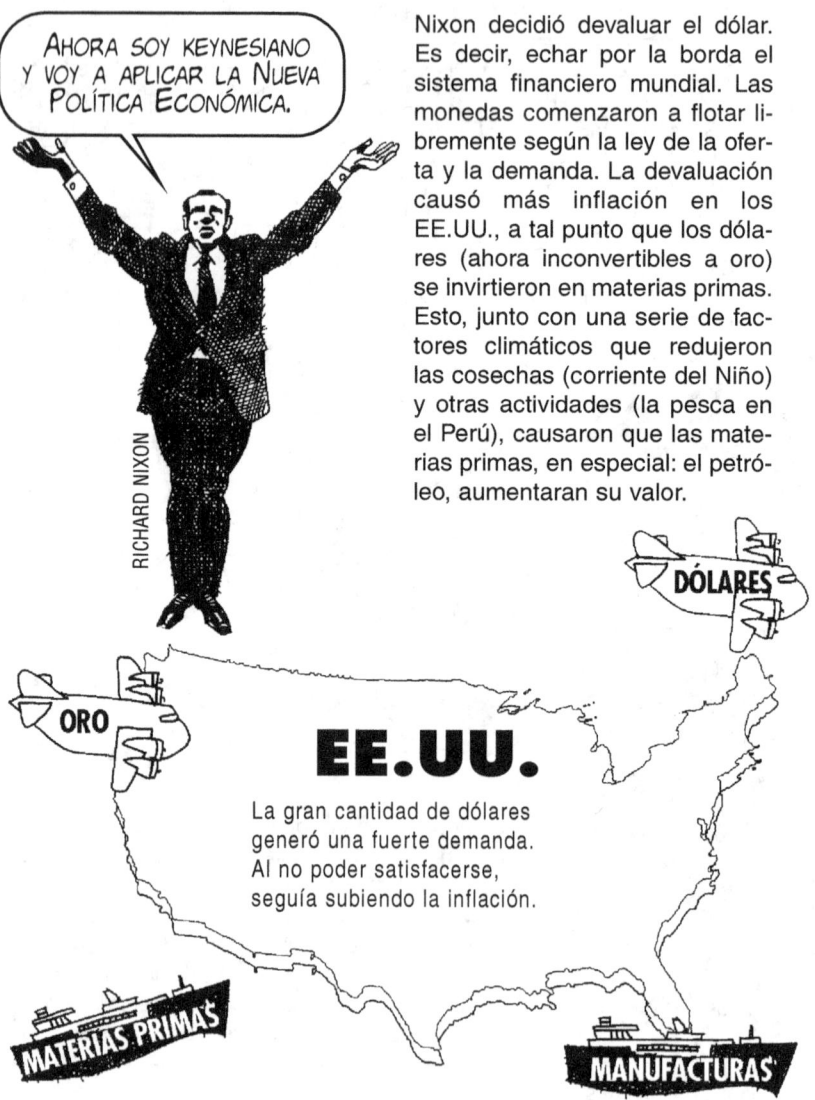

Nixon decidió devaluar el dólar. Es decir, echar por la borda el sistema financiero mundial. Las monedas comenzaron a flotar libremente según la ley de la oferta y la demanda. La devaluación causó más inflación en los EE.UU., a tal punto que los dólares (ahora inconvertibles a oro) se invirtieron en materias primas. Esto, junto con una serie de factores climáticos que redujeron las cosechas (corriente del Niño) y otras actividades (la pesca en el Perú), causaron que las materias primas, en especial: el petróleo, aumentaran su valor.

La gran cantidad de dólares generó una fuerte demanda. Al no poder satisfacerse, seguía subiendo la inflación.

La crisis del petróleo

Como si las cosas no fueran complicadas, el estallido de la Guerra de Yom Kippur entre árabes e israelíes agregó más "petróleo" al fuego.

El embargo petrolero de 1973 elevó el precio del barril de U$S 2,5 a U$S 8.

Junto con la crisis del petróleo, en la atmósfera de inflación y con un sistema financiero internacional flotante, comenzaron a producirse burbujas especulativas de toda índole. Las transacciones financieras comenzaron a diversificarse y se crearon instrumentos nuevos para negociar en un mercado que crecería a un ritmo vertiginoso.

La estanflación

Un efecto que hasta el momento no se había registrado en la economía capitalista era la combinación de aumento de la inflación con aumento del desempleo, lo que lleva al estancamiento. Este proceso de **inflación** con **estancamiento** se denomina **estanflación**.

Con la estanflación, en los '70 la curva de Phillips se desplaza hacia la derecha. Por lo tanto, pierde poder explicativo de lo que sucede.

El fin del fordismo

El modelo de producción fordista era el núcleo del auge económico de la posguerra. Una de las causas materiales de su agotamiento fue el aumento desmesurado del precio del petróleo.

De golpe, hubo que cambiar de un sistema basado en la energía barata, a otro de racionalización. La industria plástica, la del transporte, las acerías y muchas otras se encarecieron notablemente.

Las centrales nucleares fueron un modo de desarrollar alternativas energéticas al petróleo.

> Las ganancias enormes de las empresas petroleras de los países productores no pudieron ser reinvertidas en sus países. Sin embargo, encontraron en el mundo de las finanzas internacionales un lugar en donde anidar. Las divisas invertidas se conocieron con el nombre de **petrodólares**.

La globalización financiera

Sumado a los petrodólares, el sistema financiero internacional flotante generó diferencias entre las monedas nacionales, que se tornaron atractivas para la inversión especulativa. Pero, mientras existía el GATT para solucionar el intercambio de mercancías, ninguna regulación existía (ni existe) para los movimientos de dinero.

Los países de América latina, Asia y África, con situaciones institucionales inestables y con economías débiles, recibieron créditos a tasas razonables y con escasas garantías de repago.

Los préstamos de los petrodólares a los países periféricos (en los que, por lo general, la asignación de recursos no era realizada por el mercado) generaron las deudas externas que con el tiempo se transformaron en un freno para el crecimiento.

Los estertores de la economía comunista

A la muerte de Stalin en 1953, fue sucedido por Nikita Sergeyevich Khruschev (1894-1971), con la intención de "desestalinizar" la Unión Soviética. Su plan resultó en una suerte de liberalización generalizada dentro de la URSS y la delineación de diferentes "modelos comunistas", dentro de la órbita soviética. Sin embargo, la economía centralizada continuó, con sus problemas inherentes en cuanto a la asignación eficiente de los recursos.

La política económica de Khruschev fue poco exitosa. Su animosidad para con China maoísta (República Popular China) y el episodio de los misiles en Cuba pusieron a la Guerra Fría en su momento más "caliente".

En reemplazo de Khruschev, Leónidas Ilich Brezhnev (1906-1982) se convirtió en el propulsor de una "política de coexistencia" con el sistema capitalista, a la vez que su "Doctrina Brezhnev" afianzaba la unidad de los países de la órbita soviética, tal como ocurriera con la invasión a Checoslovaquia.

La era tecnológica y científica

El nuevo paradigma que reemplazaría al fordismo estaba basado en los avances tecnológicos. Es decir, en el conocimiento.

Del mismo modo en que muchos científicos de la Alemania nazi fueron captados por los EE.UU., otros rusos siguieron sus pasos, hartos del régimen soviético.

Uno de los tópicos que mantenía a los soviéticos y estadounidenses en "competencia", además de la nuclear, era la llamada "carrera espacial". Ambos gobiernos invirtieron millones. Luego de que los rusos llevaran la delantera, en 1969, tres estadounidenses clavaron en suelo lunar la bandera de su país.

El toyotismo

Las grandes fábricas, aquellas que elaboraban y ensamblaban sus productos finales, estaban condenadas ante los cambios del capitalismo y la globalización creciente. En el Japón, los automotores comenzaron a fabricarse y venderse en un nuevo sistema descentralizado de producción que "personalizaba" el producto terminado.

La producción descentralizada permite la fabricación de elementos con características a pedido del consumidor.

> El **posfordismo** o **toyotismo** es el nuevo paradigma productivo que combina la diversidad que exige el nuevo consumidor, la automatización (robotización) e informatización de la línea fordista, junto con un trasvasamiento, dentro de la fábrica, de la mano de obra del sector productivo al de servicios (ventas, *marketing*, etc.).

El neoliberalismo al poder

El combate contra la inflación pasó a ser en los países centrales una obsesión que desplazó al interés por el pleno empleo. Por otra parte, la desaceleración de la economía capitalista era achacada a que el Estado se metía en lo que no le incumbía.

> Aumentar la productividad de la economía se convirtió en la principal preocupación. La inversión en investigación y desarrollo (ID), junto a los altos estándares de calidad educativa requerida por la nueva industria y la rebaja de impuestos serían los puntos sobre los que se edificaría la salida a la crisis del fordismo.

El neoliberalismo llegaba al poder para modelar el orden vigente hasta hoy.

Las reaganomics

El gobierno republicano de Ronald Reagan (1911-1989) llevaría a la consolidación de los monetaristas y a la preponderancia de las acciones de Wall Street en los designios de la globalización.

Las políticas económicas de Reagan delinearon una sociedad estadounidense dividida. La pobreza y la desocupación comenzaron a aumentar.

El déficit

La inflación de los EE.UU. bajó del 12% en 1980 (cuando asumió Reagan) al 5% en 1985. La desocupación pasó del 10% en 1982 al 7% en 1985. El déficit, en ese lapso pasó de 60 billones de dólares a 200 millones de esa moneda. Además, la distribución de la riqueza se hizo regresiva.

La economía de la oferta

Los neoliberales conformaron un núcleo heterogéneo de políticos, empresarios y economistas. No pueden considerarse teóricos puros, sino una mezcla de cátedra y pragmatismo. Ese conjunto formó lo que en economía se llama "economía de la oferta".

Lo que había que tener en cuenta es que las *reaganomics* se aplicaron sobre una economía estadounidense, en donde las empresas multinacionales tenían gran poder. En el ambiente de "libertad" comenzaron a fagocitarse a las pequeñas empresas y a fusionarse entre ellas formando, en algunos casos, conglomerados cuasi-monopólicos.

La curva de Laffer

Una explosión de economistas se produjo entre la década del '70 y la del '80 y su predicamento en el ámbito político aún perdura. A esta llamada "tecnocracia" pertenece Arthur Laffer, cuyo aporte es una curva que lleva su nombre y relaciona la **recaudación impositiva del Estado** y el **nivel de imposición**.

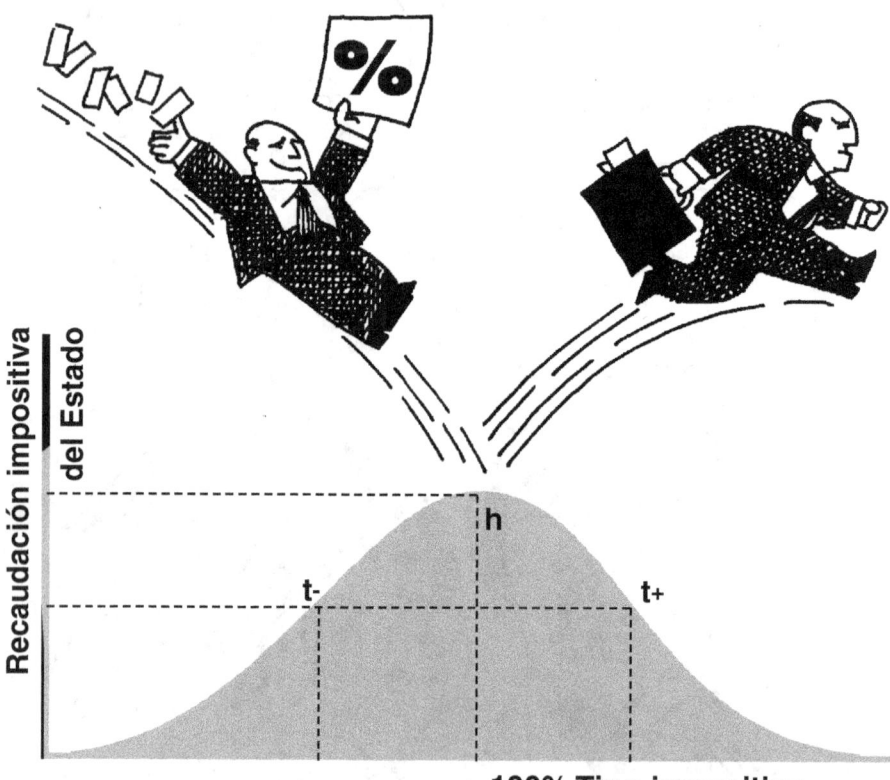

Esta simple curva indica que el nivel impositivo va aumentando hasta que alcanza un valor que desalienta la producción y conduce a la evasión. En este punto (**h**), comienza a reducirse ese nivel. Puede observarse que un nivel impositivo menor (**t-**) puede obtener una recaudación igual al que se obtiene con un tipo de recaudación mayor (**t+**).

Esta sencilla curva de Gauss fue la base teórica sobre la que las *reaganomics* propiciaban la baja de impuestos.

La economía negra

En la década del '80 la economía de los países centrales fue influida por el individualismo y la intención de crear incentivos para que los *"animal spirits"* dinamizaran un capitalismo que se había adormecido por culpa de la intervención del Estado.

La idea de reducir la carga impositiva incentiva a los actores económicos a salir de la marginalidad, lo que en el conjunto supone una mejora en la recaudación por el aumento de los contribuyentes.

> La **economía en negro**, **informal**, **irregular** o **sumergida**, es aquella que se realiza al margen de los controles o registros del Estado. Para los monetaristas, cuanto más regule el Estado, más incentivos genera para mantenerse al margen del sistema, evadiendo impuestos, cargas sociales, reglamentos, etc.

> Los sostenedores del **derrame** suponen que una vez generada la riqueza, ésta "cae" hacia todos sectores sociales. Si bien algo de esto ocurrió en la fase expansiva del capitalismo del siglo XIX, en las condiciones de fines del siglo XX este derrame no se produjo.

La revolución fiscal

La economía de oferta completó su menú con un cambio radical en el sistema tributario estadounidense, en la línea de la creación de incentivos y con el propósito de ensanchar la **base imponible**, aumentando los impuestos indirectos y reduciendo los directos.

> La base imponible es el universo de actores económicos que tributan. Si la presión aumenta, la base se achica y viceversa.

Antes de la revolución fiscal existían 15 impuestos sobre los bienes personales que iban del 11% al 50%. La presión sobre las empresas era del 46%.

Los impuestos personales se simplificaron y pasaron a un máximo de 28% y un mínimo de 15%, en tanto que los empresariales se redujeron al 34%.

El thatcherismo

Las políticas neoliberales se aplicaron casi simultáneamente en Gran Bretaña y, en alguna medida, en los países europeos. La diferencia substancial, radicó en que en las economías europeas el grado de intervención del Estado era mucho mayor que en los EE.UU.

Margaret Thatcher (1925) asumió en 1979 el puesto de primera ministra en Gran Bretaña (la primera mujer jefe de Estado del mundo occidental) representando al Partido Conservador.

En el contexto británico, en el que el Estado de Bienestar se había afincado después de la guerra, la lucha a brazo partido se entabló entre los neoconservadores y los sindicatos.

Las privatizaciones

Si la consigna era reducir impuestos, desregular las actividades económicas y favorecer la inversión, una de las cosas que tuvo que hacer Thatcher fue reducir el gasto público. En ese sentido, la privatización de las empresas del Estado era clave. Minas de carbón, ferrocarriles, empresas de servicio y la red de protección social pasaron a manos privadas, con distintos mecanismos.

La sociedad inglesa comenzó a mostrar la concentración de la riqueza, aunque en un grado menor al que se produjo en los Estados Unidos, o en los países emergentes y poscomunistas, que adoptarían políticas económicas semejantes.

Las privatizaciones incluyeron, en algunos casos, a los trabajadores (propiedad participada), quienes pasaron a ser accionistas de empresas que no controlaban.

El éxito inicial

El impacto inicial fue favorable, la recuperación económica fue acompañada por el triunfo bélico de las Islas Malvinas (Falklands).

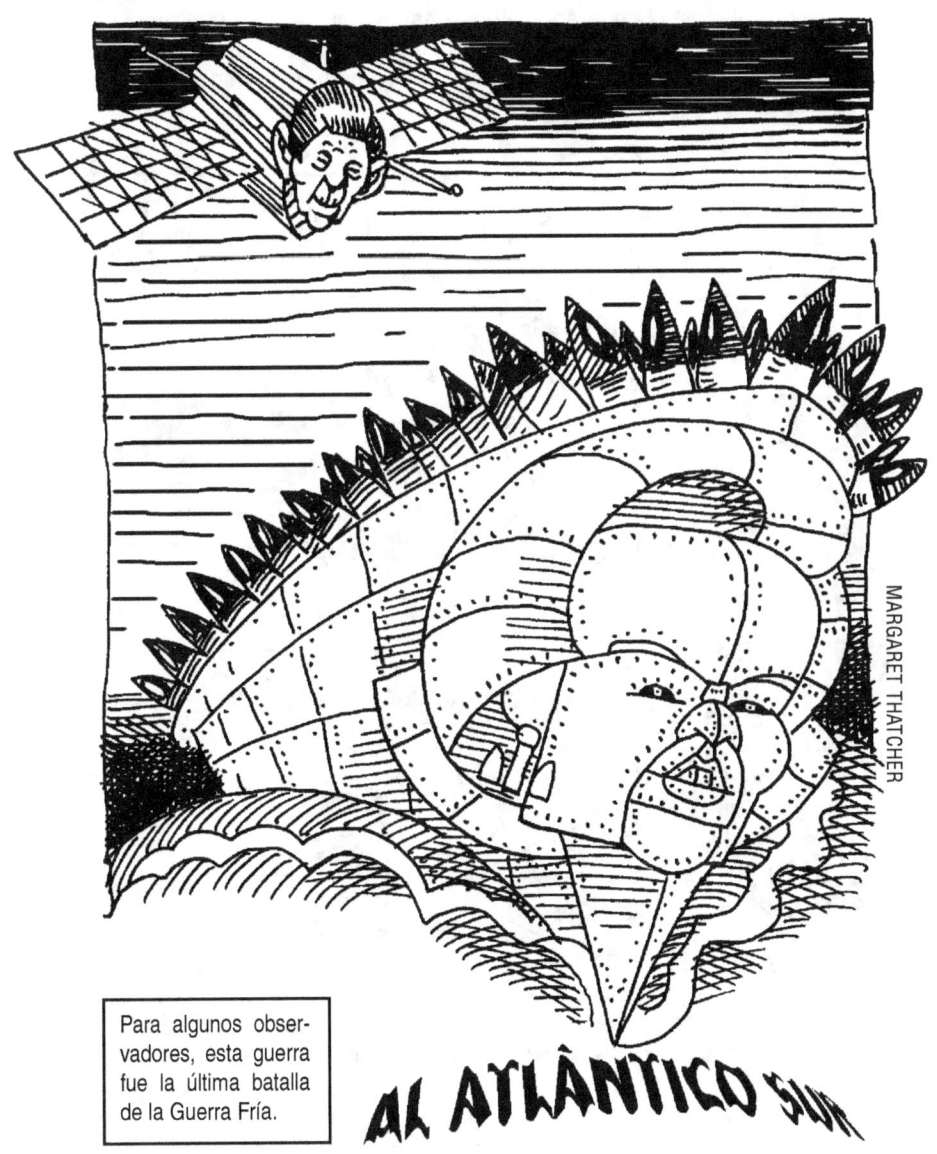

MARGARET THATCHER

AL ATLÂNTICO SUR

Para algunos observadores, esta guerra fue la última batalla de la Guerra Fría.

La perestroika

Durante los años '80, la crisis económica soviética se reflejaba en que su tasa de crecimiento era de –2,1%, debido a muchos factores coyunturales (problemas con la agricultura, gastos bélicos, etc.) y al problema estructural de las economías centralizadas. Por ello, el sucesor de Leonidas Brezhnev, Mikjail Gorbachov, emprendió un camino hacia el mercado.

MIKJAIL GORBACHOV

La **perestroika** implicó un cambio voluntario hacia el mercado, para lo cual había que introducir derechos de propiedad, regulaciones para la libertad de comercio, la formación de un sistema bancario privado, la convertibilidad de rublo a otras monedas, la apertura comercial y el establecimiento de un sistema libre de precios.

La caída del muro

En plena perestroika, la URSS implosionó. Mas allá de la agresividad de Reagan y la dureza de Thatcher para con los comunistas, el sistema soviético se derrumbó por su incapacidad económica y su política intolerable.

> Al mismo tiempo que el proyecto de Estado de Bienestar colapsaba en Occidente debido a la crisis de sobreproducción (a causa de la guerra comercial entre los EE.UU., el Japón y Europa), al cambio de paradigma productivo y a la carrera armamentista, el comunismo perdía cohesión interna.

No cabía duda de que el ambiente de euforia que se vivió el 9 de noviembre de 1989 en Berlín se iba a diluir cuando el mundo socialista se topara con la realidad de una conversión hacia el mercado en forma desorganizada y demoledora para sus sociedades.

Fin del mundo bipolar

Tal vez, con más tiempo, las reformas habrían podido ser aplicadas efectivamente durante la *glasnost* (período de asimilación pública y abierta de aceptación de que la situación soviética era terminal). Lo cierto es que se demoraron por razones políticas, culturales y de intereses de la burocracia soviética.

Pese al embargo de décadas que los estadounidenses han impuesto, la isla de Cuba mantiene sus convicciones y su sistema socialista de vida. A diferencia de la URSS, que era un coloso territorial, cultural y étnico, Cuba pudo maniobrar hacia el mercado con relativo éxito.

¿La gran aldea global?

El fin de la bipolaridad no supone la unicidad del mundo actual. Si bien los EE.UU. aparecen liderando el proceso mundial, existen competencias a su liderazgo por parte del Japón, Europa, China y un difuso y potencial mundo musulmán.

La uniformidad de ciertos productos globales no indica la supremacía de un país sobre los otros. A lo sumo, señala el triunfo de una multinacional sobre otras y sobre ciertas tradiciones vernáculas.

La crisis de la deuda

Los movimientos de capitales hacia los países periféricos generaron hacia principios de la década del '80 un cúmulo de deuda externa difícil de pagar en contextos de recesión. La crisis que comenzó en México en 1982 marcó los límites del endeudamiento entre países y bancos.

Los fondos que la banca prestó a los países emergentes fueron administrados, en general, por gobiernos no democráticos, de dudosa honestidad. En el caso de América Latina, el pago tuvo que ser afrontado por gobiernos democráticos que se acogieron al denominado Plan Brady.

Cuando los banqueros reclamaron su dinero, los países endeudados tuvieron que dar en garantía bienes nacionales (petróleo u otras rentas). Para esos países, la deuda externa se ha transformado en una suerte de trampa sin salida.

> Luego del Plan Brady, las deudas dejaron de pactarse entre bancos y Estados. De ahí en más se establecerían entre fondos de inversión y Estados. Esto hace que los tenedores de la nueva deuda sean millones de ahorristas alrededor del mundo, con los que es difícil negociar salidas políticas.

Parecidos pero no iguales

Dentro de los países emergentes (periféricos) existe una distinción entre los que utilizaron los recursos en forma más adecuada (industrialización) y los que no. No obstante, en ambos casos se verifica la condición de países que dependen del capital externo para sostener su crecimiento.

Los Tigres Asiáticos (Indonesia, Tailandia, Corea del Sur y otros países de la esfera de influencia japonesa) son economías que han invertido en el proceso productivo, la educación y el desarrollo tecnológico.

Los países de América Latina han invertido esos préstamos, en su mayoría, en movimientos especulativos o en actividades tradicionales de explotación de productos primarios.

Algunos atribuyen las diferencias de desarrollo a las condiciones culturales y a las condiciones de trabajo poco exigentes de la mano de obra industrial.

La Nueva Economía

Se le da el nombre de Nueva Economía a una suma de hechos: la recomposición económica de los EE.UU hacia mediados de los '80, las posibilidades de ganancias que se le abrieron al capital tanto en los países de la ex URSS como a partir de la apertura económica de América Latina, y el crecimiento de casi siete puntos anuales de los Tigres Asiáticos hasta 1997, todo bajo el signo neoliberal.

la Nueva Economía es la aplicación de los preceptos neoliberales en los países centrales y con mayor fuerza en los países periféricos

Las "recetas" del FMI

La Nueva Economía se aplicó en las naciones emergentes, e incluyó la desregulación de la economía (que en general estaba orientada hacia las ISI, o explotaciones primarias), el retiro del Estado de la actividad económica, la flexibilización del mercado laboral, la apertura hacia los mercados mundiales (casi siempre unilateral) y la adopción de políticas monetarias restrictivas con el objeto de tener monedas "sanas" y derrotar al mal endémico de la región: la inflación.

Las "reformas de primera generación" que emprendieron los países en vías de desarrollo eran la condición para que el FMI otorgara los créditos. Esas "recetas" sólo tuvieron en cuenta las elucubraciones de los técnicos de ese organismo y del BM.

La OMC

En el marco de las políticas neoliberales, las nuevas tecnologías de comunicación y el acceso a la información, hacia mediados de los '80 el comercio internacional se intensificó notablemente. El GATT, que nucleaba a los países occidentales que participaban del intercambio comercial mundial, comenzó en 1986 una ronda de negociociones para incorporar a nuevos países.

Muchos firmantes del acuerdo ni sabían lo que firmaban y los países desarrollados lograron que los países periféricos abrieran sus economías, en tanto que mantenían las suyas cerradas.

La Ronda Uruguay del GATT terminó en 1994. Luego, en 1995, después de años de discusiones, el GATT pasó a llamarse Organización Mundial de Comercio y se suscribieron 121 países.

> La principal labor de este organismo es eliminar las trabas para el libre comercio. Nada se discute acerca de cómo mejorar las condiciones de vida, aumentar el empleo u otras cuestiones, que dieron nacimiento al GATT. Sólo importan los negocios y la competitividad de las naciones.
> Una regla básica de su funcionamiento es la **regla de la nación más favorecida**, por la que cualquier reducción arancelaria establecida entre países miembros (o grupo de ellos) debe extenderse a toda la comunidad del GATT.

El dumping

Una de las prácticas que se busca eliminar en las negociaciones multilaterales es el *dumping*, que consiste en vender en el mercado internacional a un costo o precio menor que en el mercado nacional.

El *dumping* es una práctica común de los países asiáticos, que tienen la capacidad de inundar mercados a precios risibles. Un correlato del *dumping* es el **dumping social** debido a que las condiciones de los trabajadores de los países receptores de mercaderías vendidas con *dumping*, se ven afectadas seriamente por esta actitud competitiva desleal.

Las barreras comerciales

Pese a que las negociaciones de los gobiernos tienden al libre comercio, éste no existe, plenamente debido a que ciertos grupos de interés logran subvenciones, exigen normas de calidad muy estrictas o imponen aranceles aduaneros altos a los productos extranjeros con los que compiten.

Las subvenciones agrícolas son un caso claro en donde los países centrales protegen su producción porque, de lo contrario, su campesinado sufriría las consecuencias (el campesinado, a su vez, vota).

Durante la década del '90, los países centrales otorgaron unos 300.000 millones de dólares anuales en subsidios. Esto es lo que se pierden de venderles los países en desarrollo, cuya especialidad son los productos primarios, sobre todo alimentos.

La mundialización

En la década del '90 los tentáculos de las multinacionales recobraron el vigor que la crisis del petróleo les había mermado. Unas 44.000 corporaciones con 300.000 filiales alrededor del mundo conformaron una red de poder económico formidable. De esas corporaciones 36.000 tienen su cede central en los países de la OCDE.

> OCDE significa Organización para la Cooperación y el Desarrollo Económico, y está integrado por 30 países desarrollados.

> El economista estadounidense John Kenneth Galbraith (1908) ya había advertido en su *New Industrial State* (1967) que, a través de sus dimensiones, la integración vertical y la diversificación, las multinacionales dictan las reglas del mercado, es decir, que fijan precios e inducen al consumo.

Las concepciones neoclásicas quedan en serio entredicho con la idea de **tecnoestructura** desarrollada por Galbraith, según la cual las multinacionales, con su sistema de gerenciamiento y la conformación de redes de poder, les permite dominar o "suspender" el mercado.

> Un tercio del intercambio comercial mundial es el que se efectúa "intrafirma", es decir son mercancías que se compran y venden dentro de las multinacionales que tienen fábricas en distintas partes del mundo.

Un mundo de bloques económicos

La Nueva Economía tiene como uno de sus estandartes la competitividad. Para enfrentar la mundialización, del comercio los países formaron bloques regionales. De ese modo, se transforman en mercados atractivos para la inversión (bloques periféricos) y concentran los elementos clave del nuevo capitalismo: la tecnología y el conocimiento (bloques centrales).

Los bloques regionales comenzaron por ser uniones aduaneras, para aumentar el nivel de integración económica. La UE es la región que mayor integración ha logrado, estableciendo incluso una moneda única.

Los bloques subalternos

Como la falta de capital sigue siendo el mal crónico de los países en desarrollo, sus gobiernos buscan atraer los capitales mediante exenciones impositivas, mano de obra barata y regulaciones ecológicas laxas.

Una de las formas de contrarrestar estas situaciones es la concientización que realizan algunas organizaciones de consumidores y defensores del medio ambiente que denuncian esto y bregan por el **consumo responsable**.

Las ventajas competitivas

En su libro *Ventajas competitivas de las naciones*, el especialista estadounidense en *marketing*, Michael E. Porter ha estudiado el desarrollo económico comparativo, extrayendo algunas conclusiones.

FACTORES DE PRODUCCIÓN   **INVERSIONES**   **IMAGINACIÓN**

Estos factores son cronológicos. Los factores productivos se refieren al aprovechamiento de lo que David Ricardo ya había definido como "ventajas comparativas". Luego, las inversiones sostienen el sector de la economía en que una nación se ha especializado. La imaginación, es la que sigue, e implica que el nivel educativo de la población aumenta para poder innovar. Por último, se supone que las sociedades opulentas se relajan y disminuye su ánimo competitivo.

La Nueva Macroeconomía

En la era informática y de la información, una rama de la escuela monetarista ha desarrollado la **hipótesis de las expectativas racionales**, basada en el rol de la información en las decisiones de los actores económicos.

Aunque los agentes económicos utilicen toda la información disponible y aplique todo el conocimiento económico, no pueden hacer un cálculo exacto de las previsiones.

La información no puede nunca procesarse en su totalidad como para cubrir en detalle todas las variables que hacen a ese cálculo.

A la incorporación de información ha de agregarse el ajuste por ensayo y error.

Las distintas previsiones que varían según los cálculos de cada agente siempre están "cerca" de la que realmente se verifica en la experiencia.

ROBERT LUCAS
THOMAS SARGENT
NEIL WALLACE
ROBERT BARRO

Todo esto significa que las políticas de estímulo de la demanda son "anticipadas" por los agentes, neutralizando esa acción de Estado.

La información y su circulación por la red de redes (**Internet**) tiene un papel central en los humores del mercado financiero, generando **entusiasmo** y **caos**, por simple **contagio**.

La globalización financiera

Desde que la crisis del petróleo pusiera fin al sistema financiero internacional basado en los acuerdos de Bretton Woods, el nuevo sistema no ha alcanzado, aparentemente, una regulación adecuada. La expansión de los instrumentos financieros y los volúmenes de dinero involucrados fueron en aumento.

Transacciones financieras en **1973**

Transacciones financieras en **2000**

El movimiento de dinero en 1973 era de 15.000 millones de dólares diarios. En el año 2000 creció a tres billones diarios. Esa cifra es varias veces el PBI anual de América Latina.

> El mundo genera un PBI de 31.3 trillones de dólares anuales. El 85% de las transacciones financieras es de índole especulativa. En un *ranking* de países, esos movimientos de capital corresponden a: Gran Bretaña 32%; EE.UU. 18%; Japón 8%; Singapur 7%; Hong Kong 4% y Francia 4%.

La crisis financiera mundial

A mediados de los '90 las políticas neoliberales de libre circulación de capitales comenzaron a mostrar serios inconvenientes para los países en desarrollo. Aun aquéllos como los del sudeste asiático que, siguiendo la ortodoxia económica, habían alcanzado ritmos de crecimiento del 7% anual durante varios años.

Los ataques especulativos sobre las monedas asiáticas crearon caos y pobreza de un mes para el otro. Los Tigres Asiáticos se transformaron en "gatos famélicos" por obra del contagio.

> Un **ataque especulativo** se produce cuando, debido a la circulación de información (verídica o no), los agentes financieros comienzan a vender posiciones (bonos, monedas, acciones de empresas, etc.) de determinado país, haciendo que se devalúen rápidamente, provocando el **pánico de los inversores**.

Samuelson dixit

La economía, en el centro de las preocupaciones del hombre contemporáneo, ha desplazado a la política. Del mismo modo en que las ideas de Keynes implicaban desplazar la economía para sujetarla a la política y las de Friedman volver a la economía "pura", estamos, luego de casi 30 años de políticas de mercado, en un punto lejano al del fin de la economía: cubrir las necesidades de una comunidad.

El Premio Nobel de economía Paul Samuelson (1915) dijo acerca del desempeño de las recetas monetaristas.

PAUL SAMUELSON

> LOS PRECEPTOS TEÓRICOS DE LOS MONETARISTAS NO SE HAN VERIFICADO EN LA PRÁCTICA. ES DECIR, QUE LA RELACIÓN ENTRE LA CANTIDAD DE DINERO Y LA RENTA NO SE HA CUMPLIDO.

> LA DEPRECIACIÓN DE MONEDAS EUROPEAS HA TRAÍDO BENEFICIOS, LO QUE CONTRADICE LA IDEA DE QUE SÓLO UNA MONEDA FUERTE ES FUENTE DE BENEFICIOS SOSTENIDOS.

> EL COMBATE DE LA INFLACIÓN, MEDIANTE POLÍTICAS DE ESTABILIZACIÓN, HA TRAÍDO MÁS PROBLEMAS QUE BENEFICIOS. EL DESEMPLEO, LA PÉRDIDA DE PRODUCCIÓN, LA DESIGUAL DISTRIBUCIÓN DE LA RIQUEZA, SON COSTOS MÁS ALTOS QUE SOPORTAR UN NIVEL ACEPTABLE DE "INFLACIÓN KEYNESIANA".

> SE SUPONÍA QUE LA LIBRE CIRCULACIÓN DE CAPITALES IBA A TENER UN EFECTO NIVELADOR DE LA TASA DE INTERÉS. TAMPOCO OCURRIÓ.

El Nuevo Orden mundial modelado por el neoliberalismo, que tiene a la globalización como fenómeno saliente, hace que en los países centrales haya bolsones de Tercer Mundo, en tanto en los países periféricos florecen bolsones de "Primer Mundo".

Ante las flaquezas del monetarismo los neokeynesianos empezaron a entrar a escena con un keynesianismo *aggiornado*.

Dime cuánto debes...

Dentro del panorama de globalización, existe una división entre los países periféricos que deben mucho y los que deben un poco menos; siempre en relación con su PBI.

Semejantes cargas hacen inviable cualquier equilibrio económico, por lo que el capitalismo moderno se enfrenta al problema de tener que resolver el tema de la deuda de esos países, en forma de condonación, quitas y reestructuraciones.

> La resolución del problema de la deuda, el libre flujo de capitales y los lineamientos que debieran seguir el FMI, el BM, o una nueva institución que los reemplace, hacen a lo que se denomina **nueva arquitectura financiera internacional**.

La economía oculta

Una de las dificultades que presenta el libre flujo de capitales es que en sus idas y venidas se ocultan dineros provenientes de negocios delictivos (drogas, tráfico de armas, dinero evadido de impuestos, sobornos, juego clandestino, etc.).

Los "paraísos fiscales" son lugares en que el dinero negro se "recicla" para "lavarse" e ingresar al circuito legal.

> Algunos economistas sostienen que los "paraísos fiscales" cumplen con la función de mantener bajos los impuestos nacionales. En cuanto los gobiernos aumentan la presión fiscal, los agentes económicos cuentan con la posibilidad de "eludir" o "evadir" impuestos.

El desarrollo humano

En medio de los desajustes sociales que la Nueva Economía ha causado, y ante la ausencia de modelos alternativos (la URSS ha desaparecido), voces importantes se levantan para sostener que la economía debe servir al hombre y no al revés. El Premio Nobel de economía Amartya Sen indica que a la idea meramente económica y dominante de desarrollo hay que reemplazarla por la de desarrollo humano.

El fin (teleológico) de la economía

Si la economía ha de colocarse al servicio de hombre y de las comunidades, muchas cosas han de cambiar.

Los actuales métodos de producción y consumo se están volviendo ecológicamente inviables. Bajo estas condiciones, el continuo "crecimiento económico" atentará contra el medio ambiente de forma irreversible.

El capitalismo le crea al hombre nuevas necesidades. Para su satisfacción, se malgastan muchos recursos que serían mejor aprovechados si el *ethos* económico recuperara la idea de necesidades de la comunidad, en vez de las necesidades del individuo.

> La modificación de los hábitos de consumo es fundamental para crear un nuevo *ethos* económico. Hoy, un adolescente de un país en vías de desarrollo es capaz de gastar los ahorros de un año de trabajo en un par de zapatillas importadas cuyo costo está en función de la marca y no de la calidad del calzado.

De economías y economistas

Esta situación es impensada. Quien sufre un accidente no culpa a la mecánica o a Newton. Del mismo modo, la economía no es responsable de las desgracias materiales de los ciudadanos.

Esta situación es similar. La diferencia es que nos parece natural que "la economía" sea la responsable.

Como en toda disciplina, la economía cuenta con buenos y malos profesionales, que elaboran buenas o malas políticas, o buenas o malas estrategias para las empresas. El **objetivo** lo fijan los políticos, o los empresarios. El economista debe adecuar los **instrumentos** para alcanzar esas metas, a partir de un buen **diagnóstico**.

Dogma no, ciencia sí

Como la aplicación de medidas económicas depende de la situación de la cual se parte (no es lo mismo la posguerra y Keynes que la Guerra Fría y Friedman), resulta difícil asegurar que un modelo servirá para siempre. Lo que sucede es que cuesta abandonar lo útil; se abraza como un dogma en honor al buen desempeño pasado o a los intereses que ha servido.

Las decisiones económicas que sirven en un momento deben adecuarse a la situación. Cuando un modelo económico se transforma en dogma, deja de ser un medio para transformarse en un fin. Por lo tanto, ya no sirve a un objetivo, sino a un interés.

Finale

Las teorías económicas, sus instrumentos y resultados a lo largo del tiempo han sido presentados, en este libro, en forma cronológica.
En la actualidad, los mismos pensamientos, junto a nuevos desarrollos, se reciclan para brindar soluciones a las viejas y nuevas necesidades del hombre.

Índice temático

A

acciones, 89-90, 151
acuerdos
    de Bretton Woods,140, 177
    standby, 117
acumulación
    de beneficios, 35
    de bienes, 10
    de capital, 52-53, 57
    de oro, 140
    de poder, 13
    de riquezas, 13, 21
    primitiva, 21, 27, 128
Aliados, 77, 79
american way of life, 153
Antigua Grecia, 3, 10
Aristóteles, 11-12
ASEAN, 172
assignats, 38
ataque especulativo, 178
Atenas, 10
autarquía, 25, 27
autorregulación de los mercados, 43, 45

B

barreras comerciales, 170
beneficio, definición de, 34
Bentham, Jeremy, 61
BIRD (Banco Interamericano de Desarrollo), 118
bloques económicos
    regionales, 172-173
    subalternos, 173
BM (Banco Mundial), 116, 118, 167, 180
bolcheviques, 79
bolsa de valores, 89
Brezhnev, Leonidas Ilich, 147
burbuja especulativa, 89
burguesía, 20-21, 23, 26-27, 29, 36, 37, 78

C

capitalismo, 19, 20, 28, 30, 37, 42-43, 47-54, 58-61, 72, 75, 82, 87, 101, 108, 123, 125-126, 140, 149-150, 155, 182-183
capitalismo dinámico, 59
Capone, Alphonse, 133
Carlomagno, 17
Carlyle, Thomas, 44
carrera espacial, 148
cartel o colusión explícita, 72
Castro, Fidel, 162
censo, 14
censor, 14
CEPAL (Comisión Económica para América Latina), 129, 131
Chaplin, Charles, 87
Churchill, Winston, 120
CIA (Agencia Central de Inteligencia), 122
clase
    estéril, 27
    improductiva, 44
    productiva, 27
clases antagónicas, 48
Clemenceau, 80
Colbert, 25
colonias, 60, 76-77
Comité de descolonización de la ONU, 130
commodities, 4, 41
Commonwealth, 91
competencia, 52-53, 72
comunismo, 58, 78, 114, 116, 146, 161

comunismo soviético, 78
Conferencia
    de Bretton Woods, 117
    de Yalta, 124
conflictividad social, 39
conquista de América, 20
consumo, definición, de, 4
contractualismo, 33
cooperativismo, 47
crematística, 12
crisis
    de acumulación, 53
    del '29, 89, 92, 98
    del petróleo, 140-144
    financiera mundial, 178
curva
    de demanda, 66
    de demanda de inversión, 99
    de Laffer, 154
    de oferta, 68
    de Phillips, 136-137, 144

D

Dawes, Charles G., 82
de Montchrestien, Antoine, 24
de Rivera, Primo, 85
de Sismondi, Sismonde, 48
déficit, 152
demanda
    efectiva, 95
    global, 95, 103, 108, 111, 137
Derecho Romano, 13, 15
derrame, 155-156
desempleo 73, 152
    friccional, 74
    voluntario, 74
desocupación (ver "desempleo")
deuda externa, 146
devaluación, 6
Dickens, Charles, 49

distribución, definición de, 4
división del trabajo, 29, 31-32, 34, 36
división internacional del trabajo, 41, 75
Doctrina Brezhnev, 147
dominación colonial, 59-60
dumping, 169
    social, 169
Dupuit, Jules, 65
Durkheim, Emile, 61

E

econometría, 113
economía, definición de, 4-5, 7
economía
    clásica, 30, 46, 74, 103
    como ciencia, 4, 6, 8-9, 30, 185
    de guerra, 77
    de la oferta, 153, 156
    en negro, 155
    escolástica, 19
    feudal (ver "feudalismo")
    negra (ver "economía
    en negro")
    planificada, 125-126
    política, 24, 71
    real, 6, 9
Edad Media, 16, 22, 27, 30, 125
Edgeworth, Francis Y., 72
eficiencia marginal, 105-106
ejército industrial de reserva, 54
elasticidad de la demanda, 69
elasticidad-ingreso de la demanda, 67
elasticidad-precio de la demanda, 67
Engels, Friedrich, 78
equilibrio del mercado, 68-69
escasez, 3, 7, 69
esclavitud, 12,60
Escuela
    de Cambridge, 66
    de Chicago, 132

de Laussane, 70
neoclásica o marginalista, 61-74
espiral inflacionaria, 139
Estado
   Benefactor, 121
   de Bienestar, 132-135, 157, 161
   moderno (ver "Estado-nación")
Estado-nación, 19-20, 28, 33
estancamiento económico, 46, 56
estanflación, 144
estructuralismo, 131
ethos económico, 183
explotación, 48, 51-52

globalización, segunda ola de la, 76
Gorbachov, Mikjail, 160
Gosplan, 125
gran aldea global, 163
Gran Guerra (ver "Primera Guerra Mundial")
gran transformación, la, 29
Guerra de las Galaxias, 151
Guerra de Malvinas, 159
Guerra de Secesión, 75
Guerra de Vietnam, 140-141
Guerra de Yom Kippur, 143
Guerra Fría, 116, 122, 126, 130, 159, 185

F

factores de producción, 71
fallas del mercado, 71-72
fascismo, 80, 116
feudalismo, 18
Fisher, Irving, 132
fisiócratas, 26, 27, 35
flexibilización del mercado laboral, 152, 167
FMI (Fondo Monetario Internacional), 116-117, 146, 167, 180
Ford, Henry, 87-88
fordismo, 87-88, 91, 137, 145, 148, 150
Fourier, Francois Marie Charles, 47
Friedman, Milton, 132, 135-136, 142, 151, 179, 185

H

Henri, Claude, 47
hiperinflación, 84
hipótesis de las expectativas racionales, 176
Hitler, Adolf, 82, 85, 115
Hobbes, Thomas, 33
Hoover, Herbert, 91
Hume, David, 32

I

ID (Inversión en Investigación y Desarrollo), 150
Iglesia Católica, 18, 20, 38
Ilustración, 32-33
imperialismo, 76, 130
Imperio Austrohúngaro, 80
Imperio Otomano, 80
Imperio Romano, 13-16
impuestos, 13, 24, 27, 137, 150, 154, 156, 158, 181
indexación, 137
índice de precios, 84

G

Galbraith, John Kenneth, 171
GATT, (Acuerdo General sobre Comercios y Tarifas), 116, 119, 146, 168
glasnost, 162
globalización, 5, 22, 146, 149, 177, 179

industrialización, 56, 59, 75, 134
inflación, 38, 84, 131, 133-135, 137-138, 143, 150, 152, 153, 167, 179
    estructural, 138
ingreso nacional, 98, 102-103
Internet, 176
ISI (Industrialización Sustitutiva de Importaciones), 131, 167

J

Jenofonte, 3
Jevons, William Stanley, 64
Johnson, Lyndon B., 141
Justiniano I, el Grande, 15

K

Kelsen, Hans, 80
Kennedy, John Fitzgerald, 169
Keynes, John Maynard, 92-104, 107-110, 113, 121, 123, 133-135, 137, 144, 151, 179, 185
keynesianismo, 142, 179
Khruschev, Nikita Sergeyevich, 147

L

Laffer, Arthur, 154
laissez faire, 27, 76, 82
Lenin, Nikolai, 78-79
Ley de hierro de los salarios, 44
ley de la oferta y la demanda, 35-36, 39, 52-53, 142
Ley de los mercados, 45
Ley Hawley-Smoot, 91
leyes
    de la distribución, 46
    de la producción, 46

liberalismo económico, 34, 48, 61, 123-124
libre comercio internacional, fin del, 91
libre competencia, 27, 34
libre mercado, 76
Liga de Naciones, 80
Locke, John, 33
lucha de clases, 48
Luis XIV, 26
Luis XV, 26
Luis XVI, 27
Luxemburgo, Rosa, 78

M

macroeconomía, 62, 70, 96
Malthus, Thomas R., 43-45, 56
Mandeville, Bernard, 94
marginalista, corriente, 105
mariscal Tito (Broz, Josip), 126
Marshall, Alfred, 66, 122
Marx, Karl, 47-48, 50, 54-55, 57-58, 60, 78
materialismo histórico, 50
mencheviques, 79
Menger, Karl, 65
mercado
    de capitales, 30
    de productos, 30
    de tierras, 30
mercantilismo, 24
    francés, 25
mercantilista, corriente, 20-21, 24, 27
Mercosur, 172
metalista, corriente, 19
microeconomía, 62, 67, 70, 93
Miguel Ángel, 52
modelo económico liberal, 46
monarquía, 13, 36
monetaristas, 132, 151, 179
monopolio, 12, 24, 53, 72, 75, 106
monopsonio, 72

multinacional, 140, 163, 171
multiplicador, 100
mundialización, 171
mundo bipolar, 122, 124, 127, 162-163
Muro de Berlín, 161
Mussolini, Benito, 85

N

NAFTA, 172
nazismo, 80, 116
necesidades
    accesorias, 4
    primarias, 4
neoconservadores, 157
neoliberalismo, 123, 149, 152-153, 166, 168, 178
New Deal (Nuevo Pacto), 91
Newton, Isaac, 33, 184
Nixon, Richard 141-142
nobleza, 23, 35
NPE (Nueva Política Económica), 81, 142
Nueva arquitectura financiera internacional, 180
Nueva economía, 166-167, 173, 182
Nueva macroeconomía, 176
Nueva Ofensiva Socialista, 81
Nuevo orden mundial, 179

O

OCDE (Organización para la Cooperación y el Desarrollo Económico), 171
OIT (Organización Internacional del Trabajo), 120
oligopolio
    de oferta, 72
    de demanda, ver "monopsonio"

OMC (Organización Mundial de Comercio), 119, 168
orden natural, 32-33
Organización de las Naciones Unidas (ONU), 117, 129
OTAN (Organización Tratado del Atlántico Norte), 122
Owen, Robert, 47

P

países
    centrales, 76
    desarrollados, 127
    periféricos, 76
    subdesarrollados, 127-128
paradoja de la frugalidad, 97
paraísos fiscales, 181
Pareto, Vilfredo, 71
Parlamento Inglés, 40-41
Partido Comunista, 81
Partido Nacionalsocialista Alemán, 115
Partido Socialdemócrata, 78
patrón oro, 83
Paz de Brest-Litovsk, 79
perestroika, 160, 161
petrodólares, 145-146
Petty, William, 24
Plan Brady, 164
Plan Dawes, 82
Plan Marshall, 122
Platón, 10-12
Plejanov, George, 78
pleno empleo, 74, 102, 108, 150
Plinio, 15
plusvalía, 50-51, 58
plusvalor, 51-53
Polanyi, Karl, 29
política
    económica, 9, 24

macroeconómica, 114
Popper, Karl Raimund, 124
Porter, Michael E., 175
posfordismo (ver "toyotismo")
Primer Mundo, 178
Primera Guerra Mundial, 77, 83, 85-86, 89, 120, 126
Primera Internacional Socialista, 59
principio de sustitución, 69
privatizaciones, 158
producción, definición de, 4
productividad marginal decreciente, 62, 64
Producto Bruto Interno (PBI), 112, 177, 180
Producto Bruto Nacional (PBN), 112
proletariado, 78
propiedad participada, 158
proteccionismo mercantilista, 21
protestantismo, 20

Q

Quesnay, Francois, 26, 32, 94

R

Reagan, Ronald, 151-152, 155, 161
reaganomics, 151, 154
relaciones de mercado, 29
renta, definición de, 34
renta
    diferencial, 42
    nacional, 28
    nominal, 134
República de Weimar, 82, 84
república, 13
Revolución de Octubre (ver "Revolución Rusa")
Revolución fiscal, 156

Revolución Francesa, 36-38
Revolución Industrial, 29
Revolución Rusa, 78, 79
Ricardo, David, 35, 39, 42, 55, 57
Ried, Thomas, 33
Rodin, Augusto, 52
Roma (ver "Imperio Romano")
Roosevelt, Franklin Delano, 91
Rousseau, Jean Jacques, 33

S

salario, definición de, 34
Samuelson, Paul, 179
Santo Tomás de Aquino, 18
Say, Jean Baptiste, 45
Segunda Guerra Mundial, 114-116, 120, 123, 126-127, 130
Sen, Amartya, 182
sistema
    capitalista (ver "capitalismo")
    de planificación central (ver "economía planificada")
    financiero internacional, 140, 143, 146
    impositivo, 4, 25
Smith, Adam, 31, 33-36, 39, 50-51, 54-55, 60
socialismo científico, 50
socialistas utópicos, 47
socialistas, 48, 54, 59, 111, 123, 125, 161
sociedad industrial, 47, 116
Sociedad Mont Pellerin, 123
sociología moderna, 61
soviets, 79
Stalin, José, 81, 124, 126, 146
stop & go, 139
Stuart Mill, John, 46
superestructura, 48

T

tasa
    de inflación, 136
    de interés, 99, 107-108
Taylor, Frederick W., 86
taylorismo, 86
tecnoestructura, 171
Teoría de la renta diferencial, 39
Teoría del intercambio internacional, 39
Teoría del monopolio, 72
Teoría del valor y la plusvalía, 50
Teoría general de la ocupación, el interés y el dinero, 93, 95, 121
Teoría general del equilibrio, 70
Teoría marginal del valor, 64
Teoría objetiva del valor, 65
Teoría subjetiva del valor, 65
Tercer Mundo, 179-180
Thatcher, Margaret, 157-159, 161
thatcherismo, 157
Tigres Asiáticos, 165-166
toyotismo, 149
trabajo humano abstracto, 50
Tratado de Versalles, 80, 82
Trotsky, León, 81
Truman, Harry S., 122
Turgot, 27

U

Unión Europea, 172
utilidad
    marginal del trabajo, 62, 64, 73
    total, 63-64

V

valor, definición de, 34
valor
    de cambio, 35, 50, 52
    de uso, 35, 50
ventajas
    comparativas, 39, 41
    competitivas, 175
von Hayek, Fredrich, 123, 132
von Hindenburg, Paul B., 115
von Mises, Ludwig, 123

W

Walras, León, 70-71
Wall Street, 151
Wilson, 80
Witte, Sergei, 78

X

Xiao Ping, Deng, 111

Y

Young, Owen D., 85

Glosario

A

Acción/es: título que representa una parte alícuota de la propiedad de una empresa y cuyo precio se cotiza en la bolsa de valores.

Actividad económica: actividad que despliega el hombre para satisfacer sus necesidades, tomando como base los recursos disponibles.

Activo: conjunto de derechos y propiedades de una empresa. Pueden ser fijos (bienes durables) o líquidos (aquellos que pueden convertirse en dinero rápidamente).

Ahorro: diferencia entre el ingreso personal y el consumo realizado.

Ajuste: intento de moderar las fluctuaciones de la economía mediante las políticas fiscal y monetaria.

Arancel: tributo que impone el Estado a las importaciones.

Asignación de recursos: forma en que el mercado o el Estado (o ambos) distribuye los recursos entre los distintos sectores de la economía para producir una diversidad de bienes.

Auge: período ascendente del ciclo económico.

B

Balanza comercial: resultado de la diferencia entre el valor de las exportaciones y las importaciones de mercancías. El documento contable que registra este movimiento es el de balanza de pagos, a la que se le agregan los servicios y los egresos e ingresos de capital.

Banco comercial: institución financiera privada que ofrece servicios aceptando depósitos de dinero y otros valores para ahorra, y a la vez presta a otros clientes para financiar proyectos e inversiones diversas.

Banco Central: institución pública que controla la oferta de dinero. También es el depositario de las reservas de un país y el órgano de control de los bancos comerciales.

Banco Mundial: organismo internacional de crédito que interviene en ayuda de países con dificultades económicas, en general países en vías de desarrollo.

Barreras comerciales: pueden ser arancelarias, no arancelarias y pararancelarias. En todos los casos son obstáculos para la importación de determinados productos en salvaguarda de las empresas nacionales.

Beneficio: diferencia entre los ingresos y los costos en un período determinado.

Bien: toda mercancía o servicio capaz de satisfacer una necesidad.

Bien público: todo bien o servicio del que disfruta toda la población pague o no por él. Por ejemplo: la salud pública.

Bolsa de valores: recinto en que se realizan las transacciones de títulos y acciones entre los operadores.

Bono: documento en que el emisor se compromete a pagar un interés y el capital en una fecha definida.

Burguesía: concepto marxista (burgo : ciudad) que designa a la clase social poseedora de los medios de producción y, por lo tanto, la clase capitalista por excelencia.

C

Capital: existen tres categorías: a) Capital real: edificios, maquinaria y otros materiales, b) Capital financiero: fondos disponibles para la compra de capital real, u otros instrumentos financieros y c) Capital humano: la educación y la capacitación que hace a las personas más productivas.

Capitalismo: sistema económico y social en donde el capital es de propiedad privada y el Estado fija reglas de juego sin intervenir en la economía que se desarrolla bajo las reglas del mercado.

Ciclo económico: movimiento ascendente y descendente de la producción en la economía capitalista. El ciclo consta de cuatro fases: recesión, depresión, expansión y auge.

Colectivización: supresión de la propiedad privada por la propiedad comunitaria, tanto de las tierras como de los medios de producción.

Colusión: acuerdo explícito o tácito entre varios competidores para desplazar a un tercero.

Commodities: forma de designar a los productos primarios que son, en general, alimentos, petróleo y materia prima para los productos industriales.

Competencia (perfecta): se da en un mercado en donde muchos compradores y vendedores tienen todos la misma información y aceptan los precios ofrecidos.

Consumo: acción de utilizar bienes para satisfacer necesidades.

Contabilidad nacional: define, mide y relaciona los agregados económicos de una nación.

Costo: cantidad de dinero necesario para la producción de un bien.

Costo de oportunidad: costo que se paga al optar entre varias posibilidades de inversión.

Crecimiento económico: incremento sostenido de la capacidad de producción de una economía.

Convertibilidad: posibilidad de cambiar moneda nacional por oro u otras divisas.

D

Default: bancarrota e insolvencia por el cual un país o empresa no puede honrar sus deudas, tal cual estaban estipuladas.

Déficit: situación en que los egresos de un Estado, una empresa o un particular, son mayores que los ingresos.

Deflación: lo opuesto a inflación. Es la reducción del nivel general de precios.

Demanda: curva que indica qué cantidad de un bien será demandada a diferentes precios posibles.

Depreciación: pérdida de valor de los activos de una empresa o de un país debidos a: 1) el uso intensivo de un bien de capital (por ej., ferrocarriles), 2) el paso del tiempo, independientemente del uso y 3) la pérdida de valor por obsolecencia ante los avances tecnológicos. La depreciación también puede ser monetaria cuando la moneda nacional pierde valor frente a otras monedas.

Depresión: fase descendente del ciclo económico en que el desempleo es masivo y la capacidad instalada queda ociosa.

Desempleo: situación en que no se consiguen trabajo por: a) inadecuación de las habilidades de la mano de obra disponible,

b) falta de inversión por parte de los empresarios y c) problemas de localización.

Devaluación: reducción de la paridad de la moneda local respecto de las monedas internacionales.

Dinero: emitido por la autoridad monetaria el dinero es: a) medio de pago de bienes, b) reserva de valor, c) medida de intercambio y d) un símbolo de soberanía nacional.

Distribución: parte del proceso económico en que se reparte la producción.

Divisa: moneda de otro país.

División del trabajo: fragmentación del proceso productivo en pasos simples, favoreciendo la especialización y la mecanización, con lo que aumenta la productividad.

Dumping: La venta de un bien en el extranjero a un precio menor que en el país de origen.

E

Economía de mercado: aquella en que los precios se establecen a través de la oferta y de la demanda.

Economía centralizada: aquella en que el Estado fija los precios.

Economía mixta: una mezcla de las anteriores.

Economía negra: toda actividad económica que se realiza sin pagar impuestos.

Elusión: maniobra por la que los agentes económicos no pagan los impuestos que deberían, merced a vericuetos legales o contables.

Empresa: unidad económica que planea y lleva a cabo la producción de un bien.

Empresa multinacional: empresa que realiza su actividad en más de un país.

Empresa pública: empresa controlada por el Estado que, por lo general, es la única oferente de un bien público.

Encaje bancario: porción de los depósitos en efectivo que ha de mantenerse inmovilizada por el banco y cuyo monto establece el Banco Central como atributo de política monetaria.

Equilibrio: situación en la cual no existe tendencia al cambio.

Especulación: compra o venta

de un activo para obtener ganancias rápidas. El especulador actúa a sabiendas de que el precio del activo fluctuará bruscamente.

Estanflación: situación en que la inflación y la desocupación se mantienen altas.

Evasión: acción ilegal por la que quienes deben pagar impuestos no lo hacen.

Expansión: fase del ciclo económico en que aumentan el empleo y la producción.

Expectativas racionales: expectativas que se forman los actores económicos en base a la información disponible.

Exportaciones: bienes vendidos al exterior.

Externalidad: efecto secundario (negativo o positivo) de una actividad económica sobre otra. Por ejemplo, una fábrica que contamina un río perjudica (externalidad negativa) a la actividad pesquera.

F

Factores de producción: recursos que intervienen en el ciclo productivo: la tierra, el capital y el trabajo, son los factores básicos.

Fallas del mercado: situaciones en que es ineficiente el funcionamiento del mercado.

Feudalismo: desde el punto de vista económico, el sistema feudal estaba basado en la explotación de la tierra, el comercio y las guerras de saqueo entre los diferentes territorios dominados por un señor feudal, que hacía la guerra y cobraba impuestos a los habitantes de su comarca.

Fondo Monetario Internacional (FMI): institución financiera internacional creada para mantener la estabilidad de los tipos de cambio de los países miembros.

Fuerza de trabajo: conjunto de personas empleadas, más aquellas que buscan trabajo.

G

Ganancia: remuneración al capital y/o factor empresarial por encima de la ganancia normal.

H

Hiperinflación: situación en que la inflación supera el 1.000 % anual.

Huelga: presión que ejercen los trabajadores sobre los patrones, suspendiendo parcial o totalmente su jornada de trabajo.

I

Importación: bien comprado a no nacionales.

Impuesto regresivo: aquel que grava por igual los ingresos bajos, medios y altos, creando desigualdad distributiva.

Impuesto progresivo: aquel que grava proporcionalmente las distintas escalas de ingreso, generando una mayor igualdad distributiva de la riqueza.

Indexación: mecanismo por el cual se actualizan los precios teniendo en cuenta la variación del índice de precios.

Índice de precios: Promedio ponderado del nivel de precios, en referencia a un año base en el cual el valor de la variable se hace igual a 100.

Índice de precios al consumidor (IPC): promedio ponderado de los precios de los bienes que consumen las familias.

Inflación: crecimiento continuo y generalizado de los precios de bienes de una economía a lo largo del tiempo.

Ingreso total: de la venta de lo vendido por su precio.

Instrumento financiero: documentos que representan la propiedad de un activo: bonos, títulos, acciones, etc.

Insumos: materia prima y servicios utilizados en el proceso productivo.

Interés: pago que se pacta por el uso del dinero.

Inversión: parte de la producción que se utiliza para incrementar el *stock* de capital.

L

Libre comercio: circunstancia en que no hay barreras comerciales entre países que efectúan intercambio.

Liquidez: posibilidad de transformar una activo en efectivo rápidamente.

Lucha de clases: en la teoría marxista, es la lucha entre los propietarios y los proletarios por el control de la riqueza.

M

Macroeconomía: estudio del conjunto de los agregados de una economía, tales como el desempleo, la distribución de la riqueza, la inflación, etc.

Marginal: en economía, se utiliza como sinónimo de "adicional". Por ejemplo, el ingreso marginal es aquel que se adiciona al ingreso cuando se vende una unidad más.

Marketing: disciplina que estudia el comportamiento del mercado.

Medios de producción: en la economía marxista, son las propiedades de los burgueses. Así, herramientas, máquinas y otros son necesarios para obtener de los proletarios su fuerza de trabajo.

Mercado: ámbito en que demandantes y ofertantes realizan sus transacciones libremente.

Mercantilismo: teoría que postula que la base de la buena economía es mantener una balanza comercial favorable y acumular metales preciosos.

Microeconomía: parte de la ciencia económica que estudia el comportamiento de los distintos actores económicos (consumidores, empresarios, etc.).

Monetarismo: escuela que abreva en los clásicos, rechaza el keynesianismo y postula que la cantidad de dinero determina la demanda agregada y que la cantidad de dinero adecuada hace a la estabilidad económica.

Monopolio: mercado en el que sólo existe un vendedor.

Monopsonio: mercado en el que hay un solo comprador.

Movilidad social: posibilidad que tienen los individuos de ascender en la escala social. Por lo tanto, depende de las oportunidades económicas que la sociedad les brinda.

Multiplicador: en el modelo más simple, es igual a la unidad dividida por la propensión marginal al ahorro.

N

Nueva macroeconomía clásica: en la fundamentación de la hipótesis de las expectativas racionales, esta escuela profundiza la vertiente monetarista de la economía.

O

Oferta agregada: cantidad total de bienes que se ofrecerían a la venta a los diferentes precios posibles.

Oligopolio: actividad económica en manos de un número reducido de empresas.

Oligopsonio: actividad económica en donde hay pocos compradores.

P

Países desarrollados: aquellos cuya evolución económica les permite a sus pueblos un bienestar relativamente alto.

Países en desarrollo: aquellos cuyas economías sufren ciertas falencias que impiden a sus pueblos una calidad de vida equiparable a la de los países desarrollados.

Pánico: comportamiento de los agentes económicos que se refugian en activos líquidos, divisas y oro, ante el temor de convulsiones económicas, políticas o desastres naturales.

Patrón oro: sistema en el que la moneda se emite con respaldo en oro. Así, los cambios en las reservas auríferas se reflejan en la cantidad de dinero de la economía.

Perestroika: nombre de las profundas reformas estructurales encaradas en la Unión Soviética.

Pleno empleo: situación en la que se ha eliminado la desocupación.

Plusvalía: en la economía marxista, es el valor del producto de un trabajador que sobrepasa su salario, y que es apropiada por el capitalista.

Precio: cantidad de dinero que el mercado o el Estado determinan para transar un bien.

Pobreza estructural: aquella que afecta a quienes no pueden satisfacer al menos una de sus necesidades básicas (habitación y alimentación deficiente, falta de educación, etc.).

Productividad: mide la cantidad de bienes que produce un trabajador en un tiempo determinado.

Producto Bruto Interno (PBI): el total de la producción realizada por los factores de producción de una economía nacional, sin tener en cuenta la propiedad de esos factores.

Producto Bruto Nacional (PBN): se mide por los gastos de consumo más compras de bienes del gobierno, más la inversión bruta privada, más exportaciones netas de bienes. Es el producto total de una nación excluida la doble contabilidad.

Proletariado: para el marxismo, es el obrero industrial, la clase obrera, en general.

Proteccionismo: política económica que consiste en establecer aranceles altos para evitar la competencia de productos extranjeros.

R

Racionalidad económica: comportamiento de los actores económicos que supone una coherencia entre la persecución de determinadas metas y sus intereses.

Reaganomics: política económica aplicada por el presidente Ronald Reagan, basada en los principios de la economía de la oferta.

Recesión: fase descendente del ciclo económico, en donde aumenta la desocupación y cae el PBN.

Regulación: conjunto de reglas que el Estado impone a las empresas para modificar sus comportamientos en salvaguarda del bien común. Por ejemplo, para evitar externalidades negativas.

Renta: rendimientos pagados por el uso de la tierra, las instalaciones y otros elementos de la producción.

Riesgo: probabilidad de sufrir un perjuicio. Cuando un banco otorga un crédito, hace una previa evaluación de riesgo. El riesgo aumenta con el tamaño del monto y la extensión del plazo de recupero.

S

Salario real: la cantidad de bienes que un salario puede comprar, decontada la tasa de inflación.

Sindicato: agrupación de trabajadores por rama o especialidad, cuyo fin es sumar fuerzas a la hora de exigir mejoras salariales o de condiciones de trabajo.

Sistema financiero: conjunto de instituciones (bancos, compañías de seguro, fondos de pensión, de inversión, etc.) que intermedian entre los compradores y vendedores de instrumentos financieros.

Sobreproducción: situación en que el mercado no compra todo lo que se produce.

Socialismo: sistema económico en donde la propiedad y la decisión empresarial esta en manos del Estado.

Subsidio: impuesto negativo que el Estado otorga a aquellas actividades económicas que desea favorecer por razones de política económica. Por ejemplo, subsidios agrícolas.

Sustitución de las importaciones: política del Estado que consiste en reemplazar productos importados por su similar de fabricación nacional.

T

Tarifa: impuesto.

Tercer Mundo: clasificación poco clara que hace referencia a países que no son del "Primer mundo" (europeos, EE.UU.) ni del "segundo" (China, países de la ex URSS). En general ubicados en el hemisferio sur.

Tipo de cambio: relación entre distintas monedas nacionales. Es decir, cuántas monedas nacionales son necesarias para comprar monedas extranjeras.

Títulos públicos: compromisos financieros de corto plazo emitidos por un gobierno.

Trabajo: fuente de la riqueza, es el fruto del esfuerzo físico y mental del hombre con el fin de cubrir sus necesidades.

Trueque: intercambio comercial en que los bienes se cambian sin mediar el dinero.

U

Unión aduanera: eliminación de barreras comerciales entre países limítrofes para aumentar el tamaño de los mercados.

Unificación monetaria: posibilidad de tener una moneda única entre países que ya han practicado un grado de integración tal que les permite coordinar una política monetaria común (el euro).

Utilidad: capacidad de satisfacer las necesidades.

Utilidad marginal: satisfacción (en términos subjetivos) que experimenta un individuo al consumir una unidad adicional de un bien.

V

Valor agregado: valor que surge de la diferencia entre el precio de venta y el costo de producirlo. Por esta razón, los productos industriales tienen mayor valor agregado que los primarios. Sobre este valor se aplica el IVA (Impuesto al Valor Agregado).

Ventaja absoluta: en la competencia comercial, se dice que un país tiene ventaja absoluta sobre otro cuando puede producir un mismo bien pero con menos recursos.

Ventaja comparativa: se da cuando, entre dos países, uno de ellos tiene costos de oportunidad menores que el otro para producir un bien.

Ventajas competitivas: si a las ventajas de un país para producir una serie de bienes le agregamos la innovación tecnológica y la investigación, ese país desarrolla ventajas competitivas.

Alejandro N. Garvie es licenciado en ciencias políticas de la UBA. Ha dictado clases de ciencias políticas en esa casa de estudios y actualmente enseña periodismo económico en la Universidad de Belgrano. Como investigador ha colaborado estrechamente con el licenciado Daniel Muchnik y otros.

Agradecimientos: *La gratitud de siempre para con Daniel. Un muy especial reconocimiento al licenciado Fernando Porta a quien debo el desmalezamiento del texto original. A mi editor, por su excepcional calidez humana. A Sanyú por el talento y el amor que ha puesto en este libro. A Silvia, Agustín y Andrés por su apoyo.*

Héctor Alberto Sanguiliano es ilustrador e historietista. Publica firmando como **Sanyú**, desde 1974, en las principales editoriales del país. Realizó adaptaciones de la literatura a la historieta, dictó cursos, fue jurado, organizó dos muestras sobre la historieta argentina y en 1999 presentó su exposición "25 años", que resumía su trayectoria. Es colaborador del Museo de la Caricatura Severo Vaccaro. En la serie "Para princiantes" ha ilustrado *Sociología* y *Umberto Eco* y en la serie Para Jóvenes Principiantes, *Ulises*.

www.ingramcontent.com/pod-product-compliance
Lightning Source LLC
Chambersburg PA
CBHW060832220526
45466CB00003B/1069